이제는 AI로
나를 바꿔라

이제는 AI로 나를 바꿔라

초 판 1쇄 2024년 11월 26일

지은이 최문규
펴낸이 류종렬

펴낸곳 미다스북스
본부장 임종익
편집장 이다경, 김가영
디자인 임인영, 윤가희
책임진행 이예나, 김요섭, 안채원, 김은진, 장민주

등록 2001년 3월 21일 제2001-000040호
주소 서울시 마포구 양화로 133 서교타워 711호
전화 02) 322-7802~3
팩스 02) 6007-1845
블로그 http://blog.naver.com/midasbooks
전자주소 midasbooks@hanmail.net
페이스북 https://www.facebook.com/midasbooks425
인스타그램 https://www.instagram.com/midasbooks

© 최문규, 미다스북스 2024, *Printed in Korea*.

ISBN 979-11-6910-926-0 03190

값 **20,000원**

미다스북스는 다음세대에게 필요한 지혜와 교양을 생각합니다.

이제는 AI로 나를 바꿔라

SELF-CHANGE
AI GUIDE

최문규 지음

미다스북스

프롤로그

'그냥 쉬는 청년 44만 역대 최대… 75%는 "일할 생각 없다."

청년은 과거나 지금이나 할 것 없이 한 시대의 주류이다. 청년은 아직 젊다. 학업을 막 종료하였거나 계속 진행 중인 이도 있다. 학교를 졸업하고 새로이 취직을 하거나 일자리를 알아본다. 청년은 연애를 하고, 젊음의 거리를 누빈다. 그들의 젊은 항해는 늘 신선하고 아름답다. 국가의 청년은 미래를 상징하며 사회의 희망이다.

그러한 청년들이 지금 힘들어하고 있다. 청소년기를 거쳐 수험생 시절을 지냈다. 어렵사리 대학에 졸업했으나 취직 또한 녹록지 않다. 사회는 젊은 청년들이 일찍 취직하고 결혼하고 애를 낳는 고전적이면서도 안정적인 모습을 원하고 있는지도 모른다.

AI 시대가 왔다고 세상이 떠들썩하다. 여기저기 온통 AI가 판을 치고 있다. 머지않아 AI가 인간의 두뇌를 넘어설 것을 경고한다. 사람과 기가 막히게 흡사한 로봇까지 등장하고 있다. 이러한 첨단 기술 발전이 진행되고 있는 가운데, 여전히 청년은 인간이라는 불완전성을 갖고 있기에 힘들다. 인간은 태어나면서부터 심성과 성격이라는 것이 있고 감정이 있다. 때로는 감정 컨트롤, 자기관리에 익숙지 못하여 마음고생으로 누구에게도 말 못할 고민에 한참을 빠져든다.

하지만 안타깝게도 사회는 청년들에게 관대하지 못하다. 어서 빨리 몸을 추스르고 링 위에 올라 AI라는 무시 못 할 상대와 싸울 준비를 권한다. AI라는 녀석은 실력이 일취월장하여 자칫하다가는 낭패를 보기 십상이다. 이 녀석들과 싸워줄 믿음직한 돌격대와 방패막이가 필요하다.

AI 시대 청년들은 앞날에 대한 고민을 많이 해야 한다. 다소 미안한 말이지만 기성세대들도 AI 시대를 겪어보지 않았기 때문에 청년들에게 조언을 해주기도 어렵다. AI가 한참 발전할 즈음 사람들은 'AI시대에 살아남을 직업, 없어질 직업'에 대해서 언급했었다. 하지만 막상 뚜껑을 열어보니 그러한 예측도 상당수 빗나갔다. 미래를 예측하기가 어려워진 시대가 온 것임에 분명하다.

이불속에서 머리를 싸매고 과감히 세상 밖으로 나오지 못하고 있는 젊은 청년들이여!

우선 '마음 다스리기'를 통해 자신을 가꾸기를 바란다. 우리는 로봇이 아닌 사람이기에 감정에 휘둘리는 존재이다. 그래서 과거부터 성현들은 인간의 마음 다스리기에 대하여 많은 가르침을 주셨다. 그러한 인간의 마음 다스리기, 자기관리에 대해서 책을 많이 읽고, 경험자들의 얘기를 많이 듣는 것을 권한다. 부단한 자기성찰과 반성을 통해 올바른 인격체로 성장해 나가도록 노력해야 한다.

다음으로 'AI 시대에 동승'하기 위해 AI에 대하여 깊은 고민과 연구를 해야 한다. AI는 이미 사회 전반에 깊이 스며들어 있고, 미래의 일자리는 상당수가 AI와 관련되어 있다. 가까이 스마트폰부터 자율주행, 로봇, 우주 등 넓은 세상을 마주하며 AI 기술을 어떻게 받아들이고 발전시킬 것인지, 그 가운데 나는 어떤 일을 할 수 있을 것인지 고민해야 한다. 아울러 인공지능은 인류에게 도움이 될 수 있지만, 사람의 통제를 벗어나면 인류에게 오히려 해가 될 수도 있으니, 이를 항시 염두에 두고 'AI 통제'에 관심을 기울여야 한다.

마지막으로 AI 시대의 인공지능과 로봇이 하지 못하는 '인간만의 고유 영역'에 대하여 깊이 생각해 보고, 그 영역을 잘 활용해 보자는 말을 하고 싶다. 인류의 고유영역이라 할 수 있는 창의, 융합 그리고 협상 등의 능력을 십분 발휘하는 것은 AI에게 우위를 가질 수 있는 영역이며 여기에서 청년들은 많은 역할을 할 수 있을 것이다.

청년들이여, 여러분은 놀고 일하고 사랑하고 연대하는 아름다운 인류의 한 계층이다. 우리는 여러분들을 신뢰하며 여러분들이 기지개를 켜고 세상에 나올 때까지 묵묵히 기다릴 것이다. 슬럼프에 잠시 빠져 있거나 인생 목적지의 내비게이션이 필요한 여러분에게 이 글을 바친다.

2024. 9. 1. 강원도 고성에서

제1장

현실파악
: 우리는 AI 시대에 살고 있다

제 2 장

자기관리
: 인간은 완전하지 못하다

제3장

AI 활용

: AI 정복이 필요하다

제 4 장

AI 통제

: AI를 통제해야 하는 이유

제 5 장

변화

: AI 시대를 위한 탈바꿈

AI 시대에 맞게 나 자신을 변화시키기

꿈의 실현을 위한 목표달성에 도전하기

현실파악

: 우리는 AI 시대에 살고 있다

"많은 사람들이 AI가 이미 많은 분야에서
얼마나 깊이 관여하고 있는지
이해하고 있지 못하는 것 같다."

마크 베니오프 | '세일즈포스' 소프트웨어 CEO

SELF-CHANGE
AI GUIDE

1. AI 시대의 도래

인류의 먼 미래에서 오늘날을 되짚어보면, 지금은 분명 AI 시대다. 산업 혁명 이후, 인류는 풍요로운 삶을 누리게 되었다. 공산품뿐만 아니라 먹고, 자고, 입는 모든 것이 과거에 비해 풍족해졌다. 이제는 풍요로운 물질적 성장의 시대를 지나 스마트한 삶을 원하는 시대로 바뀌었다.

스마트한 삶이란 편안한 삶을 의미한다. 인간의 노동은 줄어들었다. 특히 매일 고정적으로 해야 했던 단순한 업무는 사람들에게 짐이 되었다. 인류는 단순한 일을 대신할 방법을 고민해왔다. 그 결과 기계라는 인간의 노동을 대신하는 물리적 수단을 고안해 냈다. 이제 기계는 인간보다 똑똑하고 스마트해졌다. '인간의 필요에 의해 만든 것, 그런데 인간보다 똑똑해진 것'이 바로 AI다.

현재 우리의 삶은 AI로 둘러싸여 있다. AI 골프채, AI 청소기, AI 냉장고 등 개인의 일상은 AI 제품들로 가득하다. 아침에 일어나면 스마트폰이 밤사이 수면 상태를 체크해 준다. 모닝콜은 자동으로 켜지는 라디오, 알람으로 시작한다. AI 약통이 내가 챙겨 먹어야 할 약의 복용 시간을 알려준다. AI 냉장고는 오늘 먹어야 할 최적의 식품을 추천해 준다. AI 반려 동물과 스피커를 통해 날씨, 생활 정보, 주요 뉴스를 확인한다. 스마트폰을 통해 오늘의 일정을 확인하고, 중요한 일정은 알람 기능으로 알려준다. 자율주행자동차를 타고 출근해 AI 오피스를 통해 업무를 빠르게 처리하고 커피 한잔의 여유를 즐긴다. 밀리패스 등의 전자 앱을 통해 점심을 먹고, 전자결재 시스템을 통해 업무를 처리한다.

오후에는 달리기 크루와 함께 달리기를 한다. 달린 거리와 시간, 구간별 속도가 분석된다. 오늘은 어제와 동일한 거리를 달렸지만 중간 속도가 높아졌다. 달리기를 통해 324칼로리를 소모했다. 업무를 마치고 집으로 돌아와 스마트폰으로 가족과 화상 통화를 하고, 뉴스를 본다. 노트북을 켜고 검색하거나 책을 쓰기도 한다. 월말에 있을 골프를 준비하며, 얼마 전에 준비한 새로운 아이언 세트에 기대를 걸어본다. 다만 드라이버가 문제다. 매번 슬라이스가 나서 이번에도 슬라이스가 나면 스트레스를 받을 것 같다. 갑자기 요즘 신제품 AI 드라이버가 눈길을 끈다. 슬라이스나 훅을 자동으로 교정해준다고 한다. 과연 가능할까 싶지만, 요즘 AI 기능이 이만저만 신통방통한지라 나름 기대가 되는 것도 사실이다. 골프채 광고에는 "AI 스마트 페이스는 수많은 작은 스위트 스팟인 마이크로 디플렉션으로 구성되어 있으며, 임팩트 때 정타를 치지 못하더라도 최적의 발사 조건과 스핀을 제공한다"고 설명되어 있다. 말이 어렵지만 그럴듯하다. 자동으로 조절하는 기능이 있어 공을 제대로 때리지 못해도 장타가 난다는 말 같다. 이렇게 우수한 기능이 가능하다니, 경기 일자가 다가올수록 AI 드라이버에 대한 구매 욕구가 높아진다.

우리는 사회적 분위기와 기술 등을 고려해 시대를 정의하고 이름 짓는다. X세대, K-한류 세대, 고령화 시대처럼 말이다. 지금은 AI 시대다. 시대에 뒤처지지 않으려면 기술적 진보를 과감히 받아들여야 한다. 때로는 이것이 단순한 과학기술의 발전인지, AI기술의 발전인지 헷갈릴 때도 있다.

분명한 것은 지금 시대의 흐름은 인간의 움직임을 대신하는 인간과 거의 흡사한 사물이 만들어지고 있다는 것이다. 우리는 이들이 인간에게 위협을 줄 수 있다는 사실을 알고 있지만, 이를 애써 부인하고 있으며, 강한 긍정도 부정도 하지 않은 채 AI를 맞이하고 있다. 인간에게 편리함을 줄 수 있는 것에 인간은 쉽게 끌리게 마련이다. AI는 성큼 우리들 앞에 와 있다.

2. 은하철도 999, 드디어 현실로

지금의 어린 아이들은 상상화를 그리라고 하면 무엇을 그릴까? 내가 어렸을 적에 그린 상상화의 소재는 우주, 달나라, 로봇 같은 것들이었다. 40여 년이 지난 이제는 무엇을 더 상상할 수 있을까 하는 생각이 든다. 변한 것이 있다면, 그것은 상상화의 소재가 새롭게 추가되기보다는 상상화에서 그린 내용을 현실로 이룰 수 있는 현실성이 점점 높아진다는 것이 바뀌었을 것이다. 40년 전에 상상했던 달나라 여행은 이미 실행되고 있고, 깡통 로봇처럼 다소 우스꽝스럽게 생겼던 로봇의 그림은 지금은 인간과 점점 유사한 형태로 만들어지고 있다. 40여 년 전의 상상화는 이제 더 이상 상상이 아니라 현실이 되고 있다.

어렸을 적 기억을 되돌아보면, 상상화를 그리면서도 이것은 가능하겠다, 가능하지 않겠다는 생각으로 구분을 했었던 것 같다. 그런데 분명한 것은 아무리 미래의 과학기술이 발달 되어도 이런 것은 불가능할 것이라고 생각했던 것이 있다. 그 대표적인 것이 '은하철도 999'였다. 우주의 드넓은 암흑 공간에 기차가 날아다닌다고? 안드로메다? 또 다른 우주? 이런 세계가 정말 있을까? 그런 생각을 했었다. 이런 나의 두뇌 속에 영원히 불가능할 것으로 여겨졌던 목록들 폴더 중에 있던 것마저도 그 단단한 벽돌을 깨게 되었다. 얼마 전 뉴스 기사에서 달에서 기차를 운용하는 계획을 수립한다는 말을 듣고 나는 놀라지 않을 수 없었다. 우주에서 '기차'를 운용한다는 문장을 듣는 순간 정신이 번쩍 들고 소름이 돋았다.

현대건설 2047 프로젝트, 지구-화성 하이퍼루트 개통
(출처: 유튜브 <현대건설>, "헤리티지 캠페인 미래편" 영상)

미국 국방고등연구계획국(DARPA)은 미국 항공우주 · 방산기업 노스롭그루먼에 달 철도 콘셉트를 개발해달라고 의뢰했다. 이는 달에서 장기간 거주하게 될 우주비행사를 지원하기 위해 사람, 물자, 상업용 화물을 실어 나르는 개념이다. 지금은 개념도에 불과하지만, 놀라운 발상이다.

사람들은 왜 철도를 이용하게 되었을까? 일정 구간과 구간 사이에 정기적인 인원, 화물 수송이 필요할 때 철도라는 비교적 정형화된 수단을 이용하면 효율적이고 안정적으로 인원과 화물을 정기적으로 수송할 수 있다. 철도를 이용하면 구축된 레일을 오가기 때문에 운행이 용이하고, 정기적인 운행이 가능하기 때문에 대량의 인원과 화물을 왕복시킬 수 있는 장점이 있다. 그래서 우리는 오래전부터 지구 내에서 철도를 통해 인원과 화물을 수송해왔다. 철도는 더 빠르고 안전하며 편안하게 만들기 위해 기술을 지속적으로 개발해왔다.

마찬가지로 머지않아 달나라에 인원을 대량으로 수송할 일이 생기게 된다면 현재 우리 주변의 교통수단으로 활용되고 있는 열차와 운용적인 측면에서 비슷한 상황이 발생할 것이다. 현재 지구에서 달까지 인원과 화물을 수송할 때 우주선을 주로 이용하지만 극히 소수만이 이용할 수 있었다. 현재 지구 내에서 운용되고 있는 특정인을 위한 전용 비행기라고 할 수 있다. 그런데 지구와 달 사이에 철로가 건설되고 열차가 운용되면 인원과 화물을 저렴한 비용으로 쉽게 수송할 수 있게 된다.

열차를 운용하기 위해서는 기본적으로 레일이 필요하다. 미국 국방고등연구계획국에서는 자기부상 개념을 연구하고 있다. 자기부상열차(Maglev)는 전자기력을 이용해 열차를 레일 위에 띄우는 방식으로, 마찰이 없기 때문에 매우 높은 속도로 이동할 수 있다. 달의 환경은 공기가 없고 중력이 지구의 1/6에 불과하기 때문에 자기부상열차는 더욱 효율적으로 작동할 수 있다.

여기에 자율주행 기능을 적용하면 레일이 군이 필요 없어질 수도 있다. 자율주행 기술은 이미 빠르게 발전하고 있으며, 장차 우주 환경에서도 적용될 가능성이 높다. 그렇게 된다면 자율주행 열차는 정해진 항로를 따라 우주 공간을 이동할 수 있게 된다. 이런 자기부상과 자율주행의 기술이 순차적으로 적용된다면, 달에서 인원과 화물을 수송하는 우주를 나는 열차가 현실화될 수 있다.

또한, 열차가 우주 공간을 항해하기 위해서는 태양 에너지를 활용한 전력 공급이 필요할 것이다. 태양광 패널을 통해 에너지를 얻고, 이를 저장하여 사용하는 방식으로 에너지 문제를 해결할 수 있다. 또한, 열차의 구조는 우주 방사선과 미세운석으로부터 승객과 화물을 보호할 수 있도록 설계되어야 한다.

〈은하철도 999〉를 만든 작가는 오늘날의 시대를 정말 상상하고 있었을까? 상상이 기술을 발전시키고, 기술은 상상의 폭을 확대한다. 은하철도 999는 머지않아 출발할 것이다.

3. 오히려 비대면 접촉이 더 효과적일 수도

우리 지금 만나 (만나)

아 당장 만나 (당장 만나)

우리 지금 만나 (만나)

아 당장 만나 (당장 만나)

휴대전화 너머로 짓고 있을 너의 표정을 나는 몰라

(몰라 몰라 나는 절대로 몰라)

말문이 막혔을 때 니가 웃는지 우는지 나는 몰라

(몰라 몰라 나는 절대로 몰라)

'장기하와 얼굴들'이 2009년에 발표한 노래 〈우리 지금 만나〉의 가사다. 휴대전화를 통해서 상대방과 충분히 의사소통을 할 수 있다. 하지만 얼굴을 직접 마주 보고 얘기하지 않으면 알 수 없는 것들이 있다는 것을 말하고 있다. 상대방이 짓고 있는 표정, 태도, 묘한 감정 등은 상대방의 얼굴을 직접 보고서 마주해야 비로소 알 수 있는 것들이다.

2024년 현재 우리는 휴대전화가 갖는 비대면 접촉의 한계점을 정보통신 기술로 극복을 하고 있다. 스마트폰을 통해 화상통화를 할 수 있게 된 것은 오래전이다. 코로나-19 기간을 거치면서 우리는 비대면 접촉에 따른 기술을 급속도로 발전시킬 수 있었다. 줌(zoom) 등을 이용한 화상 온라인 수업이 활성화되었다. 초등학교에서부터 대학원에 이르기까지 비대면 접속 시스템은 순간적으로 급속히 확산되었다. 비대면 수업으로도 우리는 충분히 정보를 주고받을 수 있고 양방향 소통을 하는데 제한이 없음을 체감하였다. 뿐만 아니라 과제부여 및 리포트 제출, 심지어 중간 및 기말고사도 수업 현장에 참석하지 않고서도 가능함을 충분히 증명할 수 있었다. 그러나 아이러니하게도 우리는 지금도 여전히 이러한 비대면 접촉을 최우선의 수단으로 사용하고 있지는 않다. 시나브로 우리는 다시 대면 접촉으로 회귀하고 있다. 우리는 무엇 때문에 상호 간에 얼굴을 직접 맞닿아 보는 것을 선호하게 되는 것일까?

AI 면접이 도입되고 있다. 면접관과 응시자가 얼굴을 마주칠 필요가 없다. AI로 운용되는 가상 인간이 응시자에게 질문을 던지면, 응시자는 질문에 맞는 답변을 하면 된다. AI는 답변 내용을 텍스트로 받아들이고 이를 분석하여 질문에 대한 답변 평가를 한다. 사전에 나름대로의 평가 기준을 만들고, 답변자가 그 기준에 맞는 답변을 하는가에 대한 체크를 통해 점수의 높고 낮음을 매길 수 있다. 필요시에는 면접관이 녹화된 영상(면접 응시자가 AI에 답변을 했던)을 통하여 응시자의 답변 내용을 직접 확인할 수도 있다. 응시자가 많은 면접시험에서는 AI 면접은 시간을 단축할 수 있으며, 비교적 객관적인 평가를 내릴수 있는 것으로 평가되고 있어 AI 면접은 확대되고 있는 추세이다.

어떻게 보면 AI 면접의 시발점은 '토익 스피킹'과 같은 영어 회화 시험이었는지 모른다. 토익 스피킹은 응시자 앞에 놓여 있는 PC에서 흘러나오는 질문에 대하여 답변을 하고, 이 답변의 녹음 내용에 대해서 평가를 하는 것이다. AI가 평가하는 것이 아닌 사람으로 구성된 평가관들이 녹음 내용을 듣고 평가한다는 것에서 AI 면접과는 다르다. 하지만 평가를 함에 있어 평가관 역할을 하는 사람이 직접 등장하지 않는 점에서 AI 면접의 시작이 되었다고 하기에도 무리가 있어 보이지 않는다. 이렇게 우리는 평가자와 응시자가, 또는 사람 대 사람이 반드시 얼굴을 직접 마주봐야 한다는 고정관념에서 벗어나고자 기술을 발전시켜 왔다. 이러한 페이스 투 페이스(얼굴 대 얼굴)는 시간과 비용면에서 상당한 대가를 감수해야 한다.

그러나 여전히 얼굴 대 얼굴을 선호할 수밖에 없는 이유는 다음과 같이 지속적으로 존재할 것으로 판단되며, AI를 통한 보완이 이루어져야 비대면 접촉은 좀 더 확실하게 정착될 것으로 판단한다.

첫째, 사람과 사람은 직접 마주 앉아 대화를 함으로써 화면으로는 전할 수 없는 감정과 태도를 상대방에게 전할 수 있다. 화상통화로 상대방의 얼굴을 보면서 얘기하더라도 개인의 감정을 충분히 전달하기에는 한계가 있다. 대화는 주고받는 메시지를 통해서만 이루어진다고 생각할 수 있지만 이에 못지않게 중요한 것은 대화를 하는 장소와 환경이다. 분위기 좋은 카페, 맛있는 음식점에서 대화를 하게 될 경우, 그렇지 못한 경우보다 훨씬 좋은 대화의 성과를 낼 수 있다. 각국 정상들이 상대국의 정상을 초대할 때 공식적인 대화에 추가하여 추가적인 외부 활동, 만찬, 공연 관람 등을 하는 이유를 살펴볼 필요가 있다. 상당한 부분의 메시지 전달과 설득, 타협은 단순히 언어에 의한 메시지 전달 행위로만은 이루어지지 않는다. 상대방과 내가 대화의 장소에 나가서 갖는 태도, 손을 맞잡으며 촬영하는 기념사진 등의 화기애애한 분위기가 부족했던 메시지의 완전성을 보완하는 것이다.

둘째, 비대면 접촉을 위한 원활한 통신 수단의 완전성 보장 문제이다. 앞서 코로나-19 기간 동안 'ZOOM' 등의 상용시스템 등을 이용하여 비대면 접촉을 시도하였었다. 그런데 우리는 보안적인 측면을 고려하지 않을 수 없다. 아무래도 화상회의를 운용하다면 보면, 회의에 참석해야만 하는 인원들만 회의에 참석하도록 하는데 기술적 한계가 존재한다. 또한 일부 장비 및 시스템에 숙달되지 않은 접촉자로 인해, 회의가 지연되는 등 매끄럽지 못한 진행이 발생할 수 있다. 이는 회의에 참석한 이들에게 하여금 업무 외적으로 추가적인 스트레스로 작용할 가능성이 충분히 있다.

24년 8월, 또다시 코로나-19가 확산되는 조짐을 보이고 있다. 우리는 언제 또다시 비대면 접촉을 통해 접촉을 해야만 하는 상황에 봉착할지 모른다. 이에 대한 준비가 항시 진행되어야 한다. 그리고 이왕이면 AI기술을 적극 도입하여, 과거보다는 좀 더 진일보한 비대면 접촉 시스템을 발전시켜 나갈 필요가 있다.

4. 아버지 주치의가 되다

"전두엽 염증은 뇌의 전두엽 부위에 염증이 생기는 상태를 말합니다. 전두엽은 뇌의 앞부분에 위치하며, 계획, 판단, 감정 조절, 문제 해결 등의 기능을 담당합니다. 전두엽 염증은 여러 가지 원인에 의해 발생할 수 있으며, 증상과 치료 방법은 원인에 따라 다릅니다. 이렇게 쓰여 있네요."

"아들아, 네가 어떻게 그렇게 다 아냐? 컴퓨터를 찾아 본 거야?"

"네. 검색하니까 그렇게 나와 있어요."

일주일에 서너 번 저녁 9시경이 되면 아버지께 전화를 드린다. 아버지는 경기도 이천에서 몇 년째 홀로 지내고 계신다. 연세가 들어서인지 온몸이 편찮으시다. 아버지는 경기도 이천의료원과 경기도 내 모병원을 자주 왕래하신다. 상황이 좋지 않거나 증상이 악화되면 분당에 있는 종합병원을 찾으신다. 아버지는 병에 대한 증세와 그에 대한 판단, 그리고 해결책을 찾으려 노력하신다. 그 해답은 대부분 의사에게서 찾는다. 하지만 낮에 다니시는 이천의 복지회관에서 만나는 친구들에게 듣는 얘기도 적지 않은 것 같다. 그분들은 병의 증세와 어느 병원에서 치료를 잘하는지, 누가 어느 병원에서 치료받고 많이 호전되었다는 이야기 등을 하시는 것 같다. 아버지는 이러한 이야기를 잘 기억하려고 노력하시고 때로는 전화로 나에게 얘기해

주신다.

여기저기서 첩보를 입수하시고, 절박한 마음으로 당신의 몸을 케어하고 있는 아버지를 상대로, 내가 그냥 상식적으로, 알고 있는 얕은 지식으로 아버지와 대화를 나누었다가는 앞뒤가 맞지 않는 논리의 결여와 지식의 한계로 말미암아 대화가 오래 갈 수 없다. 그래서 요즘 나는 아버지에게 전화를 드리기 전에 챗GPT를 작동시킨다. 백업으로는 '뤼튼'이라는 검색 프로그램도 준비해 놓는다. 물론 스마트폰도 항상 대기 상태다. 즉각즉각 검색을 하기 위해서이다. 아버지는 스마트폰을 쓰시지 않고 아직도 2G폰을 사용하신다. 내가 우위에 있을 수 있는 확실한 분야이다. 나는 증상이나 병명에 대해 챗GPT로 검색을 해서 그 결과를 요약해 아버지께 읽어 드린다. 아버지는 "맞아맞아." 하시며, 꽤나 권위 있어 보이는 아들의 전문지식 전달에 고개를 연신 끄덕이신다. 나는 아버지에게 뭔가 중요한 정보를 드린 것 같아 기쁘기도 하면서, 반면에 나도 잘 모르는 정보를 이렇게 많이 한꺼번에 드리는 것이 오히려 혼란을 드리지 않을까 조심스럽기도 하다. 하지만 크로스 체크, 더블 체크가 습성화 되어 있는 아버지이기 때문에 그렇게 부담은 크지 않다.

과거를 거슬러 본다. 몸이 아프면 약국에 갔다. 증상이 심하면 병원을 찾아갔다. 요즘에는 일단 네이버로 검색을 해본다. 자가진단을 해보는 것이다. 몇 개의 검색 사이트를 돌려보면 비슷한 증상이 나오기 마련이고, 댓글과 후기에는 사람들의 치료 후기와 좋은 병원 정보도 나온다. 지금은 챗GPT로 좀 더 심도 깊은 대화를 한다. '뤼튼'을 통해 이 병에 있어 최고의 권위를 갖고 있는 의사가 누구인지, 또 나에게 가장 적합한 병원은 어느 곳인지를 찾기도 한다. 이러한 정보를 인지한 상태로 병원에 가면, 전혀 예상치 못한 새로운 정보를 얻거나 뜻밖의 병명이 발견되지는 않는다. 다시 말해서 병원을 찾아가서 의사를 대면하기 전에 어느 정도 예측이 가능하고 예상이 되니 갑자기 병명을 듣고 놀라는 일은 없어졌다. 심지어 처방전을 받아 약을 먹으면 언제쯤 나을지도 대상 예상할 수 있다.

아버지의 병명에 대해 찾아볼 수 있고, 그에 대한 어느 정도의 지식을 드릴 수 있는 것은 큰 다행이다. 놀라운 것은 챗GPT는 커녕 스마트폰도 쓰시지 않는 아버지가 꽤 수준 높은 지식을 갖고 계신다는 것이다. 챗GPT는 놀라운 기술이지만 본인이 직접 겪는 병을 고치고자 하는 개인의 관심과 집념을 이기기는 쉽지 않다.

생명에 대한 절박함과 첨단 AI기술을 대표하는 아버지와 나는 그렇게 차츰 인간의 신체를 해부하고 진단하고 있다. 인체의 신비를 조금씩 밝혀내는 기분이다.

5. 당신은 평점 몇 점이십니까?

나에게 맛집 탐방은 늘 신선하고 재밌다. 아내와 속초의 한 칼국수집을 갔다. 평점 4.0의 음식점이었다. 한 시간을 기다렸다. 다행히 아내가 '테이블링'이라는 앱을 통해 대기를 걸어두었다. 기다리는 시간 동안 근처 카페에 가 있었다. "36번째 대기 중이십니다." … "16번째 대기 중이십니다." 앱을 확인하면 몇 명이 대기 중인지 알 수 있었다. 한 시간이 족히 넘을 듯한 기다림 끝에 순서가 돌아왔다. 드디어 차를 몰고 음식점으로 갔다. 자리에 앉아 해물칼국수를 먹었다. 아… 이런 밍밍함이란. 이것이 한 시간을 기다린 맛인가. 아쉬워하며 음식점을 나왔다.

이어서 아내가 하는 말, "평점 4.0이잖아. 후기에 누군가 별로라고 했더라고."
"그 사람 말이 맞았네."

연말을 함께 보내기 위해 가족이 다 함께 고성으로 왔다. 가족들이 오기 전 3시간을 기꺼이 할애하여 맛집을 신중하게 골라 스마트폰에 메모했다. 검색한 음식점 이름 앞에는 평점을 같이 명시했다. 4.5점 이하는 아예 거들떠보지도 않았다. 카카오맵에서 음식점 검색이 가능하다. 검색 필터에서 분류 기준을 평점 4.5점 이상으로 설정하면 해당하는 음식점만 리스트에 나타난다.

1일차 점심, 우여곡절 끝에, 지인이 소개시켜준 평점 4.2점인 양양식당 칼국수집에 갔다. 내가 나름대로 설정한 기준 평점 4.5 이하였지만 소개시켜준 지인을 한번 믿기로 했다. 아내가 고른 '옹심이'가 맛있었고, 내가 먹은 옹심이 칼국수도 괜찮았다. 김치도 맛있다. 왜 4.2점이지? 생각해보니 주차가 불편했다. 그리고 위생적인 면이 좀 생각보다 아쉬웠다. 그리고 주문 과정이 혼잡했다. 사장님은 손님이 주문할 때 비슷한 말을 반복한다. "글쎄, 좀 기다려 보시라니까." 시스템이 체계적이지 않다. 그래, 다른 사람이 평가한 4.2점이 맞는 것 같다.

'에이트'라는 카페에 갔다. 평점 5.0이다. 애완견도 동반 가능하다. 우리 집 애완견 이름은 '뭉치'다. 1층에 있는 사람 키보다도 큰 크리스마스트리도 제법 그럴싸하다. 뭉치가 머물 수 있는 3층으로 올라갔다. 준공을 한 지 오래되지 않아서 공사 A/S가 완전히 되지 못해서인지 바닥이 좀 일어난 곳이 있었다. 주인의 잘못은 아니다. 김밥도 주문했다. 뭐, 맛은 다소 밍밍하지만 카페에 김밥이 있다는 게 어디냐. 커피 마시러 갔는데 기대도 안 했던 배도 채울 수 있으니 말이다. 점원이 물도 가져다주었다. 이런 친절함이란. 막내딸이 주문한 딸기 스무디는 딸기에 금가루가 얹어 있었다. 3층으로 된 스무디 한 잔은 다소 높은 금액이었지만 적어도 외관은 그 가격의 가치가 있어 보였다. 둘째 딸은 맛은 별로라고 했다. 딸이 남긴 조금 남은 스무디를 빨대로 쪽쪽 빨아먹었다. 맛은 정말 그저 그렇다. 카페가 7번 국도 옆에 있지만 구석으로 바다 뷰도 보인다. 그래, 이 카페는 엄연한 바다 뷰도 있지 않은가. 평점 5.0이라는 말이 맞는 것이다.

대망의 2일차 저녁은 대포항 근처의 대게집이다. 평점 4.9점이다. 다소 가격이 높았지만 괜찮았다. 곁들여 나오는 반찬과 보조 음식도 그럭저럭. 탱탱이도 나오고 다소 어설프게나마 물회도 나왔다. 대게는 보기 좋게 손질되어 나왔다. 발라먹기 좋았다. 당연히 게 껍질에 밥도 볶아 나왔다. 게 라면도 나온다. 근데 왜 라면을 한 개만 넣었을까. 배부를 타이밍이니까. 그것까지 고려한 사장님의 섬세한 센스겠지…. 나중에 차 안에서 아내와 딸내미들이 하는 얘기를 들었다. 옆 테이블에 앉아 있던 아가씨가 여기가 왜 평점이 높은지 모르겠다고 앞에 있는 남자친구에게 얘기했다고 한다. 나도 그 아가씨가 왜 자기네가 먼저 왔는데 옆 테이블에 먼저 음식을 주냐고 하는 소리를 들었다. 점원은 에둘러 말하며 위기를 능수능란하게 대처해 나갔다. 그래, 그 아가씨는 인성 자체가 좀 덜 되어 보이더라니…. 점원은 훌륭했다. 오랜 관록이 묻어 있었다. 평점 5.0이 맞는 가게다.

　24년 새해가 밝았다. 아침에 봉수대항에 가족들과 나갔는데 구름 때문에 해가 보이지 않았다. 올해에는 AI가 탑재된 핸드폰이 출시된다고 한다. 오늘 몇 명이 새해 안부를 묻는 문자를 보내왔다. 나도 보내야 하나? 누구한테 보내지? 평점 4.5점 이상인 사람만 좀 골라줬으면 좋겠다는 생각이 들었다. 나랑 친한 사람, 인간성이 좋은 사람, 연락하고 싶은 사람, 이런 요소로 평점 4.5 이상인 사람만 골라줘…. 이렇게 AI폰에 주문 기능이 있었으면 좋겠네.

　사람은 평점을 매긴다, 평점은 때론 사람의 눈을 멀게 하고 귀를 막게 한다. 평점의 가장 무서운 요소는 선입견이다. 스마트폰 연락처에 있는 사람의 각 이름 앞에 평점을 기록하는 날을 기대, 거부한다.

6. 속초, 고성 맛집 정복

2023년 12월, 강원도 고성으로 전입했다. 고성과 속초는 관광지로 유명해 많은 사람들이 몰린다. 사람들은 맛집을 찾기 위해 스마트폰 어플을 활용한다. 사용자 후기가 구체적이고 평점이 높은 가게는 신뢰도가 높지만, 내 입맛과 스타일에 딱 맞는 집을 찾기는 어렵다. 그래서 내가 가장 신뢰하는 방법은 오래 거주한 현지인의 추천이다.

지역에서 오래 거주한 사람들에게 가장 맛있다고 생각하는 카페와 음식점을 각각 하나씩 소개받는다. 사람들은 오래 고민하지 않고 비교적 쉽게 추천해준다. 그들이 나의 질문에 대한 답을 찾느라 머릿속에 자신이 경험했던 가장 맛있었던 집을 생각하게 하는 것은 오히려 내가 그들에게 작으나마 선물을 주는 시간이다. 나는 이 정보를 핸드폰이나 메모지에 적어 놓는다. 주말에 아내가 고성 숙소에 찾아오면 함께 그 맛집을 찾아간다. 추천받은 맛집이라며 작지 않은 기대를 갖고 방문한다. 만약 맛이 훌륭하거나 기억에 남는 곳이라면, 어플에 표기한다. 다시 찾을 곳이다. 같이 근무하는 동료에게 어플 사용법을 배우고, 카페, 음식점, 관광명소, 고기 구이집, 횟집 등 7개의 색상으로 구분해 표기한다. 어플은 표시한 마킹을 누르면 세부 정보를 볼 수 있게 잘 되어 있다. 이런 나의 노력에는 많은 장점이 있다.

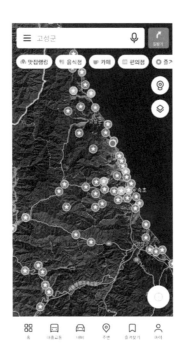

핸드폰 앱에 기록되어 있는 고성, 속초 일대 맛집 모음

　지도상에서 가장 가까운 카페나 음식점을 쉽게 찾을 수 있다.

　외지인이 괜찮은 음식점이나 카페를 물어보면 구체적으로 소개할 수 있다. 올해만 해도 벌써 다섯 번의 소개 부탁을 받았고, 비교적 만족도가 높았다.

　양질의 데이터를 구축하고, 데이터를 기준에 따라 분류하며, 필요할 때 즉각 사용할 수 있는 체계를 만드는 것이 빅데이터의 기본이다. 나는 고성에서 맛집 데이터를 구축하는 것을 시작으로, 그동안 근무했던 지역의 맛집도 모두 지도에 표시했다. 포천, 연천, 세종, 논산, 여수, 대구 등 지역의 대표 맛집을 기억하며 마킹했다. 마킹 하나하나 찍을 때마다 당시의 기억이 생생하게 떠오른다. 맛집의 모양과 생김새, 그때의 추억까지도 함께 기억난다.

고성 맛집 정복은 나의 맛집 빅데이터 구축의 시작이다. 이러한 경험을 통해 얻은 정보는 나와 주변 사람들에게 유용하게 쓰이고 있다. 이 과정에서 얻은 빅데이터 구축의 원칙과 활용 방법은 앞으로도 큰 도움이 될 것이다.

7. 로또는 운이 아닙니다, 과학입니다

24년 7월 13일 실시된 1128회 로또 1등 당첨자가 63명이다. 로또를 시작한 이래 가장 많은 1등 당첨자가 나왔다. 63명이 1등에 당첨됨에 따라 이들이 실제로 받는 당첨금은 4억 1,993만 원, 세금을 떼고 나면 3억 1,479만 원밖에 되지 않는다고 언론에서는 법석이다. 댓글에도 재미있는 의견이 많았다. '로또가 인생역전이 아니라, 인생여전'이라고 쓴 글이 재미있다. 내가 주목한 것은 63명 중에 자동은 11개, 수동이 52개라는 것이다. 수동이 훨씬 압도적으로 많다.

로또 당첨 예상번호를 자동으로 생성, 분석하는 앱 기능

매주 로또 복권은 250여 만 장이 팔리고 있다. 개인별 1장씩만 구입하지는 않을 것이다. 그렇다면 대략 200만 명, 그러니까 우리나라 성인인구의 10명 중 1명은 로또를 구입하는 것이다. 이번 주에는 52명이 수동으로 번호를 선택했다. 상당히 많은 수다. 복권점에 가보면 내가 보기에 대부분의 사람들은 자동을 선택한다. 수동은 번호를 직접 마킹해야 하는 번거로움이 있다. 이번 주에 수동으로 1등이 된 당첨자의 번호선택은 과연 어떤 방법으로 실시했을까. 가능하다면 이 52명의 수동 선택자들이 번호를 고른 방법에 대해 확인해 보고 싶다. 로또 번호를 수동으로 선택하는 방법은 크게 3가지가 있다. 첫째는 자신의 감각으로 현장에서 즉흥적으로 선택하는 것이다. 자신이 좋아하는 숫자나 그날따라 눈에 들어오는 숫자를 선택하는 것이다. 통상 연속적인 숫자는 선택될 가능성이 높지 않으므로 적당히 간격을 두고 선택을 한다. 두 번째 방법은 '로또번호 자동 생성기'라는 앱을 이용하는 것이다. 이 앱을 이용하면 홀수와 짝수, 숫자의 합 등을 분석하고 과거 1등이 되었던 숫자의 조합을 포함하여 종합적으로 분석을 한다. 심지어 매번호의 조합마다 1등이 될 가능성까지 분석하여 제시를 한다. 확률이 매우 높더라도 앱 사용자가 숫자가 마음에 들지 않으면 다시 요청을 하고, 또다시 자동으로 새로운 번호 조합이 생성되는 시스템이다. 세 번째는 예지력에 의한 선택이다. 꿈에서 당첨 복권의 숫자를 보았다던가 마술사가 번호를 예측하여 번호를 선택하는 방법이다. 나를 포함하여 적지 않은 사람들이 간밤에 좋은 꿈을 꾸면 가장 먼저 생각하는 것은 복권을 사는 것이다.

로또는 확률게임이다. 45개의 숫자 중에서 6개를 맞춰야 한다. 전문가의 분석에 의하면 로또 1등이 될 확률은 814만 분의 1이라고 한다. 이는 벼락 맞을 확률 보다 낮은 확률이라고 분석하고 있다.

과거에는 로또 등 복권을 순전히 운의 영역으로만 간주해왔던 것이 사실이다. 돼지꿈이나 돌아가신 조상의 꿈을 꾸면 복권을 사서 당첨이 된다고 했다. AI시대에 복권 당첨은 운의 영역에서 숫자와 확률의 영역으로 전환된다고 본다. 모든 것은 과거의 연속이자 역사의 반복이다. 과거에 많이 나왔던 숫자, 조합의 궁합 이런 것들을 분석한다면 좀 더 높은 확률로 1등 당첨에 접근할 수 있다.

물론 확률을 통한 분석으로만 1등이 된다고는 보지 않는다. 모든 것이 그렇듯이 로또 또한 과학이라는 영역과 술적이라는 영역의 조합이 있을 때 좋은 결과를 볼 수 있다. 빅데이터의 분석을 통한 과학의 영역에 인간 고유의 감각이 더해질 때 로또 1등의 확률은 높아질 것이다.

지난주에 총에 맞는 꿈을 꾸었다. 기분이 찜찜하여 검색을 해보니 좋은 꿈이라고 함과 동시에 복권을 사라고 명시되어 있었다. 그 주 토요일에 간성에 있는 복권점을 찾아가서 복권 4장을 샀다. 현장에서 동전으로 긁는 5억 당첨금 복권 2장과 로또 2장을 샀다. 순대국을 시키고 기다리는 동안 복권 2장을 긁었다. 아내가 그 중에 한 장을 본인이 긁는다는 것을 나는 만류하였다. 꿈은 내가 꾼 것이기 때문에 내 손으로 긁어야 한다고 하면서 말이다. 천 원짜리가 하나 당첨되어 다시 복권집에 가서 새것으로 바꿔 다시 긁었다. 최종 결과는 꽝이었다.

그래, 역시 복권의 하이라이트는 로또지…. 토요일 저녁 9시에 여느 주와 다르게 집중하며 로또의 숫자를 맞추어 보았다. 역시 꽝이다. 꿈의 기억이 아직까지 생생한데 꽝이라니….

로또는 운이 아니다. 과학이다.

8. '당근'은 현대 기술의 모둠!

중고제품을 쉽게 거래할 수 있는 '당근'은 현대 기술이 망라된 첨단 영역이다. 아내의 핸드폰은 밤늦게도 멈추지 않고 울린다. "당근~" 맑고 명료한 기계음의 인위적 여성 목소리가 들린다. 이 소리가 들리면 아내는 재빨리 핸드폰을 확인한다. 상대방이 가격 협상을 제안한다. 그 제안은 원하는 가격을 거의 항시 약간 넘는다. 아내는 다시 한번 좀더 기다리기로 결심한다. 그러다가 누군가 다른 사람이 물건을 낚아채면 오랫동안 공들인 보람이 사라진다. 최종적으로 내가 원하는 가격에 살 수 있게 되면 더할 나위 없이 기분이 좋다.

흥정이 완료되면 다른 사람이 사기 전에, 주인의 마음이 바뀌기 전에 재빨리 주인집을 찾아가서 물건을 가져온다. 물론 금액은 계좌로 입금하면 된다.

당근에는 많은 과학이 담겨 있다. 물론 AI나 첨단기술이라고까지는 할 수 없다. 하지만 당근에는 사물인터넷, 빅데이터, 위치 기반 서비스, 가격 조회 및 절충 등 다양한 기술이 맞물려 있다. 당근을 통해 물건을 팔고 사기를 원하는 쌍방이 허용하는 적절한 가격에 흥정할 수 있는 인프라가 잘 구축되어 있다. 이것은 수많은 사람들이 당근을 사용하면서 사용하기에 불편한 점을 조금씩 보완한 최적화하기 위해 노력했던 결과이기도 하다. 과거에는 벼룩시장이 많이 활성화되었었다. 사람들은 정기적으로 열리는 벼룩시장에 나와서 가지고 있던 물건을 저렴하게 팔기 위해 내놓았고, 구매를 희망하는 자는 흥정된 가격에 의해 물건을 저렴한 가격으로 살 수 있었다. 그런데 벼룩시장은 시간과 장소가 비교적 불규칙적이고 원하는 물건을 쉽고 빠르게 사기에는 다소 불편한 점이 많았다. 사물인터넷과 스마트폰의 발전으로 당근이라는 시스템이 생겼다. 언제 어디서든 물건을 희망하는 가격으로 사고 팔 수 있으니 매우 편하다. 물론 가격도 저렴하고 세금도 내지 않는다. 물건은 소포로 주고받기도 하지만 당근의 생명은 신속성인지라, 협상이 끝나면 원하는 물건을 직접 대면하여 주고받는다.

AI, 첨단 과학기술의 발전 속도는 인간의 욕구에 비례한다. 사람들은 어떻게 하면 좀 더 빠르고, 효율적으로 거래를 할 수 있을지를 늘 고민한다. 이는 과거의 장마당부터 시작된 오랜 역사이다. 이러한 흐름을 비추어 예상해 본다면 당근의 기술은 더욱 진화될 것이다. 기존의 당근 거래 기술에 드론이 추가되어, 상호 흥정 및 계약을 완료 후 10분 이내에 내가 살고 있는 아파트 베란다 창문으로 원하는 물품이 도착해 있을지도 모른다. 내가 원하는 물품을 가장 빨리 갖게 해주는 것, 이것이 모든 과학기술의 근본적 모티브이다. 특히 집안에서 살림을 하는 사람들의 욕구에 포커스가 맞추어지면 발전 속도는 배가된다.

'당근'과 같은 플랫폼은 인간의 기본적인 거래 욕구를 충족시키는 데서 출발하였으며, 첨단 기술의 접목으로 더욱 발전해 나갈 것이다. 이러한 변화는 우리가 살아가는 방식을 근본적으로 바꾸고 있다. 앞으로의 기술 발전이 얼마나 우리의 삶을 편리하게 만들지 기대된다. '당근'은 더 이상 쓰지 않고 버리려고 했던 물건이 소액의 이윤을 창출하는 행위로의 변화를 가져왔다. '어떻게 하면 내가 원하는 거래가 신속하게 이루어질 수 있을까?' 고민하는 시민들의 집단지성 그리고 첨단 네트워크 기술이 집약된 현대 과학 기술의 집약된 모둠이다.

9. 2024 파리 테크 올림픽

군인은 3km 달리기 측정을 연 1회 실시한다. 이는 군인의 체력을 유지하는데 모티브가 된다. 그런데 최근 들어 특이한 점은 체력측정 연습을 하는 러너들의 신발이 각양각색이라는 것이다. 젊은 사람들이 많이 신는 나이키 알파플라이라는 신발은 기록을 30초 이상 당겨준다고 한다. 신발이 외관상으로 다소 특이하게 생겼다. 어떤 사람은 신발이 고가이기 때문에, 바닥 스펀지 부분이 쉽게 닳기 때문에 연습은 별도 런닝화로 실시하고, 실제 측정 한 달 전부터만 고가 신발을 신는다고 한다. 30초 단축을 위해 봄, 여름에 걸쳐 땀을 흘리는 사람들에게 그 신발은 충분히 매력적이다.

24년 프랑스올림픽이 한창이다. 테크올림픽이라는 말이 나올 정도로 각국은 AI기술을 활용하여 선수들의 기록 향상에 열을 올리고 있다. 우리나라 양궁팀도 슈팅로봇을 이용하여 선수들과의 대결을 실시하면서 실전과 같은 연습을 하였다. 슈팅로봇은 센서로 바람 방향과 세기를 정확히 계산해 화살을 날린다. 이러한 슈팅로봇을 선수가 이기기는 쉽지 않다. 따라서 슈팅로봇과 대결하면서 선수들의 실력은 많이 향상된다. 탁구 훈련 로봇은 분당 100개 이상 다양한 속도, 방향으로 볼을 상대에게 날림으로써 선수들의 대응 능력을 극대화한다. 호주 수영 대표팀은 우주기술을 접목하였다. 미 항공우주국(NASA) 측이 우주 왕복선과 수영복은 밀접한 관계가 있다고 말했다. 호주 대표팀은 인공위성 표면에 사용하는, 마찰력을 줄이는 특수 재질을 활용해 수영복을 제작했다.

이와 같은 추세를 볼 때 앞으로의 올림픽은 다음과 같이 크게 3가지 요소에 의해 성적이 좌우될 가능성이 높다.

첫째는 첨단 과학기술을 활용하여 종목에 사용되는 도구 및 장비를 제작하는 것이다. 올림픽 종목에서 도구 및 장비를 사용하는 종목은 상당수다. 양궁, 사격, 탁구 등이 대표적이다. 첨단 과학기술을 이용하여 장비를 보다 정교하게 만든다면 선수들의 성적은 향상될 수 있다.

두 번째는 AI 및 로봇을 활용한 훈련 및 연습이다. AI 및 로봇은 선수들에게 실전과 같은 훈련 환경을 조성할 수 있으며, 인간보다 더 뛰어난 상대팀을 만들 수 있다. 이러한 환경에서 훈련한 선수들은 실전에서 긴장감을 감소시킬 수 있으며, 막강한 실력을 가진 가상 선수와 사전 훈련을 수도 없이 실시하면서, 여러 가지 우발 상황에 대한 대처 능력 향상이 가능하다. 또한, 뛰어난 실력을 가진 상대팀을 이기기 위한 방법에 골몰하면서 훈련을 실시함에 따라 성적을 향상시키는 방법에 대하여 고민할 수 있는 기회를 제공할 수 있다.

위와 같은 추세를 반영해 볼 때 AI나 첨단장비를 활용하는 기술을 활용하는 능력이 우수한 국가일수록 그 분야에서 선수들의 높은 성적을 기대할 수 있다. 과학기술의 발달 정도가 선수들의 성적과 비례하게 되는 것이다. 선수 개인의 입장에서 보면 다소 불공정하게 생각될 수 있다. 과학기술이 덜 발달된 나라의 선수는 아무리 훈련을 열심히 하더라도, 과학기술이 발전된 나라의 선수를 이기는 것은 점점 어려워지는 것이다. 그렇다면 앞으로는 상대적으로 과학기술의 영역이 미치지 않는 종목에 한하여 과학기술이 낙후된 나라의 선수들이 도전할 가능성이 높아진다. 아무래도 장비와 로봇 AI기술의 활용을 덜 적용할 수 있는 종목들, 이를테면 레슬링, 유도, 복싱 등 사람과 사람이 순수하게 몸을 직접 부딪쳐 겨루는 종목은 과학기술의 적용 영역이 적기 때문에, 오롯이 훈련량에 의거 상대 선수와 겨루어 이길 수 있는 확률이 높아진다.

하지만 궁극적으로는 이러한 종목에도 차츰 과학기술이 적용될 가능성은 높다. 레슬링의 경우에도 선수의 몸에 심장 박동 수를 체크할 수 있는 기계를 연결하여 시간 경과에 따른 선수의 체력을 측정하고 이를 보완할 수 있다. 각 관절의 움직임을 3차원적으로 분석하여, 선수가 많이 사용하는 근육을 분석하고 이를 극대화 할 수 있으며, 사용하지 않는 근육과 관절을 분석하여 이를 좀 더 활용하기 위한 솔루션을 제공할 수 있기 때문이다.

말 그대로 올림픽은 '테크올림픽'이 되었다. 이제는 오로지 선수의 신체 능력과 훈련의 양에 의존하는 시대는 막을 내리고 있다. 어떤 첨단 기술로 장비를 만드느냐, 어떠한 AI와 로봇을 활용하여 가상의 대결을 함으로써 선수들의 실전 능력을 극대화시키느냐에 따라 올림픽의 성적은 좌우될 가능성이 높다. 올림픽은 각 국가의 과학기술의 수준을 각 국의 선수들로 하여금 경기장에서 발휘하게 하는 또 다른 과학기술 경연장으로 변모하고 있다.

이번에 프랑스 파리올림픽의 시청률이 전 세계적으로 매우 낮았다고 한다. 심지어 혹자는 이런 추세라면 100년 안에 올림픽은 사라질 가능성을 배제할 수 없다고 말했다. 사람들은 과학을 몸에 입은 올림픽보다 과학에 좀 더 직진할 수 있는 과학기술전시회나 AI엑스포에 더 많은 관심을 갖게 될 것이다.

10. 전쟁 발발 가능성, 미리 알려드립니다

인류의 미래를 예측하고 전망하기 위한 노력은 오래전부터 계속 이어져 왔다. '한 치 앞을 모르는 게 인생'이라는 말이 있는데, 하물며 1년, 10년 뒤의 일을 미리 예측하고, 예상하여 미리 대비할 수 있다면 충분히 매력적이지 않은가. 미래를 예측하는 방법은 여러 가지가 있겠지만 여기서는 크게 두 가지로 나누어 본다. 점을 보는 방법과 미래 학자에 의한 미래 예측이다. 점을 보는 방법은 신 내림을 받은 점술인에 의해 미래를 예측하는 것이다. 이 방법은 비과학적이라고 간주되지만 나름 그 안에서는 논리가 있다. 현대 과학기술이 발달한 지금도 점을 보러 가는 사람은 적지 않다. 그러나 이들에게는 한계가 있다. 대략적으로 이렇게 될 거라는 예측은 할 수 있지만 구체적인 접근, 세밀한 정보를 제시해 주는 것에는 한계가 있는 것이다. 두 번째, 미래 학자에 의한 미래예측은 과학적인 분석에 기반을 한다. 이들의 미래 예측은 철저하게 현실분석에서부터 출발한다. 현실분석에 충실할수록 미래 예측의 정확성 확률은 높아진다. 먼저 현재의 과학기술을 정확히 알고, 이에 따라 현재와 앞으로 발전 추세를 고려할 때 가까운 또는 먼 미래에는 어떻게 모습이 변화할 것인가를 예측하는 것이다. 이러한 현실 기반의 미래예측이 점진적으로 발전하고 있는데 가운데, AI가 고도로 발달하고 있는 현대에는 특정 지역에서의 전쟁 가능성까지 예측을 할 수 있는 정도에 이르렀다.

　전쟁은 정치의 수단이다. 대립하고 있는 양개 이상의 진영에서 타협에 이르지 못하였을 경우, 한쪽이 다른 나라를 공격하는 것에서 시작하는 것이 전쟁이다. 따라서 과거에는 특정지역에서의 전쟁 가능성 여부를 전적으로 정치적인 부분에서만 답을 찾았다. 양대 진영이 서로 다른 이데올로기를 갖고 있거나, 종교적 분쟁 또는 경제적 이해 갈등이 발생할 경우 양쪽의 진영은 갈등의 골이 점차 깊어진다. 이들은 최초에는 날을 세우다가 협상을 통해 갈등을 봉합하기도 한다. 그러나 양쪽 진영에서 합의에 이르지 못하는 경우에는 제 3자가 개입하기도 하며 이마저도 여의치 않으면 전쟁으로 확대된다. 국제사회는 일반적으로 전쟁을 기피하기 때문에 최대한 신중론, 제 3자의 적극 개입을 통해 전쟁이 발발하는 것을 차단하기 위해 노력한다. 그런데 협상의 노력이 계속되는 가운데에서도 국지전은 발생한다. 정치가들의 통제가 소규모의 국지전까지 이르기에는 한계가 있기 때문이다. 하여튼, 양개 진영이 총성을 울리고 본격적인 전쟁을 개시하기 전까지는 정치적 협상의 결과, 양국의 소규모 군사적 출동이 선행되는 것이 일반적이다.

　권투에서 1라운드의 종료를 알리는 종이 울리더라도 때로는 파이터들의 난타가 계속되기도 한다. 또한 1라운드 시작종이 울리기 전이라도 양 선수의 눈빛에서는 이미 전쟁은 시작된다. 마찬가지로 전쟁이 실제로 시작되는지에 대한 판단은 정치적 협상의 결과에서 비롯되기도 하지만 양개진영의 미세한 군사적 움직임에서도 그 여부를 판단할 수 있다.

　첫째, 전쟁에 투입되는 물자와 장비의 이동이다. 전쟁이 임박하면 전투를 치르기 용이한 지역으로 전쟁 물자와 장비는 이동된다. 후방지역에서

적과 싸울 수 있는 접적지역으로 물자와 장비의 수송이 이어진다. 선명한 영상 관측이 가능한 위성을 통해 이들의 움직임을 관측한다면, 전쟁이 곧 임박하였다는 것을 예측할 수 있다.

둘째, 감청을 통한 확인이다. 상대진영의 통신 내용을 감청할 경우 그들이 장비와 물자를 어디로 보내는지, 어떠한 준비를 하는지를 알 수 있다. 이들은 일반적으로 작전보안을 유지하기 때문에 군사적인 통신수단을 감청해서는 상대국의 의도를 정확히 파악하기가 어려울 수 있다. 하지만 최근에는 AI를 통해 상대국의 전투원들의 사용하는 SNS, 문자 등의 내용을 종합하여 정보를 만들어 낼 수 있다.

이를테면, 빅데이터를 통해 상대국의 전투원들이 주고받는 통화내용과 문자에 '사랑해, 보험금, 가족, 내가 죽으면, 안장, 묘지, 충성, 희생, 유품'이라는 단어가 많이 있다면 그것은 곧 전쟁이 임박하였음을 추측하기에 신빙성 있다고 볼 수 있다.

셋째, 전쟁을 곧 치를지 모르는 지역에 모인 전투원들의 소비패턴을 분석하여, 전쟁의 임박 가능성을 판단할 수 있다. 전투복, 전투화, 에너지 바, 군장에 넣을 수 있는 작은 소품들, 군번줄, 시계, 휴대용 잭나이프 등 전투원이 자신을 보호할 수 있는, 또는 적과 조우하였을 시 손에 들고 있어야 할 군장품에 대한 구매 패턴이 급격히 증가할 경우, 전쟁이 곧 임박하였음을 알 수 있다.

대립하고 있는 양개 진영은 실제로 전쟁을 하기 위해 준비하기도 하지만, 협상에서의 유리함을 확보하기 위한 허위 정보를 흘려 전쟁을 준비하는 것처럼 위장하기도 한다. 따라서, 실제로 전쟁이 임박하였음은 현장에 있는 이가 가장 정확히 알고 이를 준비하는 전투원들이 하는 행동, 말, 소비 패턴을 통해 그 진위 여부를 확인할 수 있다. 전쟁의 임박함은 충분히 미리 알 수 있다.

11. NASA? 우리는 KASA!

24년 5월 27일은 한국 정부에 있어서 역사적인 날로 기록될 것이다. 한국판 NASA인 우주항공청(KASA)이 개청되었기 때문이다. 그간 여러 정부부처와 연구 기관 등에 흩어져 있던 우주항공 업무를 우주항공청이 전담하게 된다. 이 기관은 달착륙선 개발, 차세대 발사체 개발, 민간 로켓 발사 등의 업무를 맡게 된다. 미국이 NASA를 중심으로 우주 관련 업무를 수행하고 스페이스-X와 같은 민간 연구 기관과 함께 우주 관련 업무를 해온 것을 우리는 부러운 눈빛으로 보아왔던 것이 사실이다. 다소 늦은 감이 없지 않지만 이제라도 우주항공청이 개청되어 우주항공 관련 업무를 주도하게 된 것은 반가운 일이다.

우리나라도 2032년 달 착륙을 목표로 달착륙선을 개발하게 된다. 민간 발사체의 발사 지원을 위한 나로 우주센터 내 국내 최초 민간 소형 발사체 발사장 구축도 추진한다. 한화에어로스페이스의 신현우 사장은 '2024 한경협 최고경영자 하계포럼'에서 우주 관련 민간 기업의 로드맵을 제시하면서 상징적인 발언을 했다. '엘론 머스크는 인류에게 두 가지 길이 있다고 했다. 다른 행성으로 이주하거나 지구에 남아서 멸종하는 길'이라고 말이다. 또한 '라이트 형제는 오늘날처럼 2만 5천여 대의 항공기가 하늘을 나는 시대를 예상하지 못했을 것'이라고 말했다.

미래를 상상하고 예측하는 것은 매우 흥미롭고 가슴 설레는 일이다. 공상과학 영화의 시나리오를 쓰는 작가들이 막연한 방법으로 스토리를 구성하지는 않을 것이다. 그들은 명망 있는 미래학자들의 식견과 현재 개발되고 있는 과학기술 프로그램들을 철저히 분석하여 이를 바탕으로 시나리오를 개발한다. 이는 관객들로 하여금 저런 세상이 올 수도 있겠구나 하는 생각을 하게 만들고, 실제로 영화에서 내다본 2~30년 후의 세계가 실제로 찾아오게 된다.

이제 미래에 관한 영화를 보면 막연한 상상이라고 생각하지 않는다. 그러한 세상은 분명히 올 것이라는 생각이 들고, 작가가 열심히 관련 사실을 분석하여 영화를 만들었구나 하는 생각이 든다. 그런 차원에서 보면 우주 관련 영화가 미리 그리는 앞으로 펼쳐질 우주에서의 삶은 흥미롭다. 달 착륙 관련 영화도 있고 〈스타워즈〉 같은 우주에서의 전쟁 영화도 등장한 지 이미 오래되었다. 인류는 머지않아 우주를 삶의 터전으로 살아갈 것이다. 지구는 극한 온난화, 전쟁, 재난 등으로 사람들이 살기 힘들어질 것이다. 달과 화성에 사람이 사는 도시를 만들 것이고, 지구와 달과 화성을 오가는 우주선이 바삐 움직일 것이다.

미래에 우주에서의 새로운 삶의 영역을 개척하기 위한 대한민국의 시작이 우주항공청 개청으로부터 시작되었다. 우주항공청의 개청이 경남 사천 지역이라는 점에서 다소 아쉬운 점이 있다. 지역 균형 발전이라는 측면도 물론 고려해야 하지만, 국가의 100년 대계를 세우는 중요한 정부 기관이 수도권에서 너무 멀리 떨어져 있다는 경향이 있는 것이다. 그곳에서 근무하는 인원들이 조기에 정주 여건을 갖출 수 있도록 국가적 차원의 관심과 역량을 집중해야 한다.

개인적으로는 국내 초·중·고 학생들의 수학여행도 우주항공청이 있는 사천 지역으로 편성하여, 많은 젊은 인재들이 우주 개발에 대한 꿈과 도전에 적극 뛰어들었으면 한다. 우주 개발은 국내 특정 기업에 편중되어 발전시킬 사항이 아니다. 제2의 엘론 머스크를 꿈꾸는 젊은 영재가 가득한 유수의 기업이 함께 참가해 시너지를 발휘해야 한다. 국가의 방산 시장에 여러 기업이 참여하여 경쟁과 협력 속에서 우수한 성과를 발휘하듯이, 우주 개발에 있어서도 정부와 민간 기업이 함께 참여하고 연구 기관이 이를 뒷받침해야 할 것이다.

우주 개발은 단순히 기업의 이윤을 창출하는 문제를 넘어 대한민국 국민의 삶의 터전을 확보하는 국가적 정책 활동의 영역이라는 점에서 온 국민이 뜻과 지혜를 모아야 한다.

12. 지금은 문자 상위 시대

인간은 말과 몸짓으로 역사를 만들어왔다. 어느 순간 말과 몸짓 중에서 기억할 만한 유의미한 것을 생각했고, 이를 어떻게 하면 기록으로 남겨서 또다시 써먹을 것이냐는 고민을 했다. 그러던 와중에 '문자'라는 인류역사의 위대한 산물을 만들어 냈다. 문자가 만들어진 이후 인류의 문명은 급속도로 발전을 하기 시작했다. 문자는 과거를 기억하고, 이를 바탕으로 미래를 창조하는 소중한 매개물이 되었다. 돌이켜보면 인류는 언어를 통해 상대방과 의사소통을 하여왔고, 이중에서 중요한 언어, 말을 다시 써먹기 위해 문자를 통해 기록으로 남기는 활동을 해왔다고 할 수 있다. 다시 말해서 말이 우선, 문자가 보조인 역사를 수천 년간 지속해왔다고 할 수 있다.

말은 장점이 많다. 빠르게 의사 전달을 할 수 있다. 감정을 표현하기에도 유용하다. 그렇다고 감정을 표현하는 말이 특별히 연습과 훈련이 필요한 것은 아니다. 그냥 감정이 있는 상태에서 말을 하면 말에 감정이 실리는 것이다.

반면, 말은 단점도 많다. 한 번 뱉으면 되돌리는 것은 불가능하다. 특히 감정이 실린 말은 더욱 그러하다. 또한 말은 기록에 남지 않는다. 그래서 혹시 다시 듣고 싶으면 녹음을 하거나 기록된 내용을 들춰봐야 한다. 우리를 이를 '말은 공기 속에 사라진다.'라고 표현하기도 한다.

이러한 관점에서 보면 문자는 어떠한가. 기록에 남고 다시 가져다 쓸 수 있다. 머릿속에 생각나는 말을 문자라는 과학적 수단으로 표기하기 때문에, 하고 싶은 의사 표현을 적어도 한번 이상 정제해서 표현할 수 있다. 또한 수정하기가 비교적 용이하다. 감정이 직접적으로 실리지 않는다. 물론 거친 언어 표현을 통해서 문자를 남기는 이의 감정을 표현하기도 하지만 직접 말을 통해 들을 때보다 그 데미지는 크지 않다.

2024년 인류는 엄청난 변화를 맞이하고 있다. 말보다 문자를 우선시하는 세상이 되고 있다. 문자를 손쉽게 보낼 수 있는 수단이 상당히 많다. 누구나 익숙해진 문자입력은 말에 의한 전파 속도보다 느리다고 하기 어려울 정도이다. 카톡을 통해 문자를 보내면 내가 하고 싶은 의사표현을 한 번에 여러 사람에게 전파할 수 있다. 문자의 단점이라고 할 수 있는 감정표현까지 이제는 할 수 있다. 이모티콘을 이용하면 나의 감정을 말보다 정확히 표현할 수 있다. 또한 말을 통해 대화를 하기 위해서 나의 목소리를 가다듬어야 하는 거추장스러운 준비도 필요 없다. 이른 아침 새벽에 애인에게 전화를 받았을 경우, 나는 자다 일어난 목소리로 전화를 받기 불편하다. 혹시 내가 술에 취해서 혀가 꼬이는 곤란한 상황에서 나는 전화를 받을 수 없다. 슬프거나 극한 감정적인 치우침에 있을 경우에도 나는 중요한 상대방의 전화를 받을 수 없다. 상대방에게 나의 정리되지 않은 감정을 그대로 노출시킬 수 있기 때문이다. 그러나 문자로 대화를 주고받을 경우는 이러한 열악한 상황에 있는 나의 상태를 극복할 수 있다. 밤늦게, 이른 새벽에, 상대방이 운전 중인 경우, 공부를 하는 경우, 회의에 참석한 경우, 운동을 하고 있는 경우 전화를 통해 말을 하게 되면 자칫 상대방의 행동에 방해가 될 수 있고, 상대방을 놀래킬 수 있다. 이에 비해 문자는 상대방의 상황을 고려해, 연착륙을 하면서 의사전달을 할 수 있고 안전하고 정확하게 의사전달을 할 수 있다. 전에는 문자를 보내고 나서 상대방이 문자를 수신하였는지 알 수 없어 답답한 경우가 더러 있었다. 그러나 지금은 대부분의 문자 송수신 기능에서는 상대방이 문자를 읽었는지 여부를 확인할 수 있는 시스템이 강구되어 있다.

이렇게 볼 때, 2024년 지금은 문자가 말보다 앞선다. 상대방과의 의사소통의 90%를 문자로 하는 것 같다. 전에는 말에 의한 대화를 주로 하고 시간과 공간이 제약될 경우 문자를 주고받았지만 지금은 그 반대다. 웬만한 것은 문자로 의사소통하고, 정말 긴급하거나 복잡한 이야기를 주고받을 필요가 있을 때, 직접적인 대화 즉 말을 통한 의사전달을 하게 되었다.

삼성의 갤럭시 AI폰이 올해 시중에 나왔다. 내가 한국어로 말하면 상대방에게는 영어로 들리게 할 수 있다. 외국인과 대화가 많거나 해외여행을 하는 사람에게는 문자보다 말이 편할 것이다. 이는 말보다 문자가 우선인 오늘날의 경향을 다시 뒤집는다.

장구한 인류역사 속에서 의사소통을 하기 위한 최적의 수단, 가장 선호하는 수단은 말과 문자가 엎치락뒤치락 그 순위를 바꿔왔다. 그 우선순위는 인간이 감정에 의해 좌지우지되기 쉬운 불완전한 존재라는 인식과, 편이성 그리고 과학기술의 발전에 의해서 결정되어 왔다고 볼 수 있다. 일반적으로 사람들은 말이 우선이냐 문자가 우선이냐 하는 것에 별도의 관심을 두거나 개의치 않는다. 그들은 그저 사용하기 편한 것을 주로 사용해 왔던 것이고, 앞으로도 그렇게 할 것이다.

그러나 분명한 점은 그 시대의 말과 언어는 그 시대 사람들의 생각과 트렌드를 읽을 수 있는 바로미터라는 점이다. 말을 우선시하는 사회는 일반적으로 네트워킹이 강조되는 시대의 흐름을 반영하고, 문자를 우선시하는 사회는 네트워킹보다 '개인'을 강조하고 우선시하는 경향이 크다. 역사가 반복되듯이, 말과 문자 중 어느 것이 우선시 되느냐도 반복된다.

13. 미래를 보는 눈을 갖다

상상을 눈으로 보다

"그때 그 영화 제목이 뭐였지? 그거 있잖아. 사람들이 눈에 다 고글 쓰고 다니는 거."

"잘 모르겠는데."

"글쎄, 나도 기억이 잘 안 나네. 재미있게 봤던 것 같은데."

2016년, 그러니까 8년 전에 스티븐 스필버그 감독은 〈레디 플레이어 원〉이라는 영화를 제작했다. 이 영화는 고글을 쓰면 가상현실 세계가 눈앞에 펼쳐지는 내용을 다루며, 주인공이 가상과 현실 세계를 넘나드는 이야기이다. 극 중에서 스필버그는 그 세상을 2025년으로 설정했다. 놀랍게도 올해 2024년 2월, 애플에서 비전 프로를 출시했다. 이 고글을 쓰면 가상과 증강현실을 볼 수 있는 3차원 세계로 안내한다. 애플은 이 제품이 아이폰과 맥북에 이어 또 하나의 혁신적인 증강현실 기기가 될 것이라고 홍보하고 있다.

출퇴근길에 지하철을 타보면 열에 아홉은 스마트폰을 보고 있다. 마치 누가 시키기라도 한 것처럼 핸드폰을 손에 들고 영상을 쳐다본다. 2030년 지하철의 모습은 새로운 광경이 펼쳐질 것이다. 대부분의 사람들이 비전 프로와 같은 웨어러블 기기를 쓰고 있을 것이다. 비전 프로의 장점은 핸드폰을 손에 들고 있어야 하는 수고를 덜어주는 것이고, 더 큰 장점은 가상의

3차원 세계 속에 나의 아바타가 주인공이 되어 활동하는 것이다. 머릿속으로 그리던 세계, 상상 속의 세계가 눈앞에 펼쳐지고 그 안에서 '또 하나의 나'가 활동을 하는 것이다. 리얼 월드가 아닌 상상의 세계를 눈으로 직접 보는 것은 매우 흥미로운 일이다.

증강현실을 통해 얻을 수 있는 이점은 무엇이 있을까?

첫 번째는 머릿속으로 상상하는 것을 눈으로 직접 보게 된다는 것이다. 이는 두뇌를 가진 인간만이 할 수 있는 고유한 영역이다. AI가 인간을 바짝 따라오고 있는 현 시점에서, 인간이 AI를 앞설 수 있는 몇 가지 영역 중 하나라고 할 수 있다. 우리 머릿속으로는 무한한 상상의 세계를 그릴 수 있다. 가만히 눈을 감고 내가 원하는 세계, 꿈꾸었던 모습을 그리면 머릿속에 그려진다. 비록 그 그림은 일정 시간 이상 지속되기 어렵고, 100% 동일한 세계를 반복해서 그리기는 어렵지만 가장 빠르고, 고차원적으로, 제한 없이 상상의 나래를 펼칠 수 있다. 때로는 그 영역이 우리의 꿈속에 나타나기도 한다.

두 번째는 그 상상한 바를 지면으로 옮기는 것이다. 상상화는 여기서 나온다. 머릿속에 어렴풋이 맴도는 가상세계를 개인의 표현 능력에 따라 지면에 나타나도록 하는 것이다. 상상하는 것과 상상한 바를 지면으로 옮기는 것의 공통점은, 꿈꾸는 사람이 평소 지식으로 쌓아왔던 것에서 벗어나지 않는다는 것이다. 즉, 특정인이 매체를 통해 보아 왔던 것이나 책을 통해 알게 된 지식들이 새로운 조합의 과정을 거쳐 지금까지는 존재하지 않았던 미래의 세계를 그리게 되는 것이다. 그러나 현재까지 전혀 존재하지 않았던 미지의 영역이 그려질 수도 있다. 발명이나 상상을 통해 지금까지 없었던 새로운 영역을 그려내는 것이다.

세 번째는 누군가의 상상에 의해 펼쳐지는 세계를 가상현실로 화면 속에 실감 나게 나타내는 것이다. 이것이 〈레디 플레이어 원〉 영화에 나오는 내용이다. 비전 프로를 통해, 또는 앞으로 개발될 유사한 제품들에 의해 그려질 내용이다. 현존하는 것, 상상하는 것, 이루어질 수 있는 가상, 증강현실이 눈앞에 실제로 살아 움직이게 보이는 것이 가상, 증강현실이다. 이를 통해 인간은 현재 존재하지 않지만, 엄밀히 말하면 지금 당장 눈으로 볼 수는 없지만 머지않아 실제로 눈으로 보게 될 것들을 미리 영상을 통해 실감 나게 간접경험을 할 수 있게 된다. 현실의 자산과 재산은 개인이 소유한 능력에 의해 정해지지만, 이러한 가상과 증강현실은 나의 능력을 초과한 것도 가능하다. 간접경험을 통해 나는 펜트하우스에서 살아볼 수도 있고, 좋아하지만 돈이 없어서 살 수 없었던 롤스로이스 자동차에 탑승하여 운전해보는 경험도 할 수 있게 된다. 가상, 증강현실은 내게 주어진 능력을 벗어나거의 무한대의 세계를 경험할 수 있다는 측면에서 가장 큰 매력이 있다고 할 수 있다.

보다 나은 선택지를 제공하는 미래를 보는 눈

'부투스쿨'이라는 유튜브 영상을 보면 강사가 부자가 되는 몇 가지 방법을 강조하는 장면이 있다. 이 프로그램뿐만 아니라 부를 이루는 방법을 소개하는 많은 프로그램이 공통적으로 보여주는 주제는 미래에 대한 투자이다. 미래의 발전 가치가 높은 곳, 즉 호재가 많은 곳에 아파트나 빌딩을 매매하거나, 미래의 자산 가치가 높은 기업에 주식을 투자하면 돈을 벌 수 있다는 것이다. 그렇다면 부를 축적하기 위한 미래의 모습을 어떻게 예측할 수 있는가? 이는 크게 두 가지로 나눌 수 있다. 첫째, 과거에 그 지역과 기업이 어떠했는가에 대한 데이터를 통해 앞을 내다보는 것이다. 두 번째는 현재 그 지역과 기업에 예상되는 발전 가능 요소와 호재가 무엇인가를 살펴보고 장차 어떻게 될 것인가를 그려보는 것이다. 물론 호재와 미래의 비전대로 반드시 흘러가는 것은 아니지만, 그러한 요소들이 적지 않게 작용하기 때문에 투자자들은 관심과 공부를 통해 내가 투자할 대상에 대해 알아보고 미래의 발전 가능성에 나의 자산을 투자하는 것이다. 이러한 과정에는 적지 않은 시간과 노력이 필요하다. 주식에서 진짜로 돈을 버는 사람은 단순히 주가의 곡선을 보고 돈을 투자하는 것이 아니라, 그 기업의 자산 가치와 성장 동력을 확인하고 때로는 주주총회에 직접 참석하여 그 회사의 성장 가능성을 보고 투자하는 경우가 대부분임을 알 수 있다. 만약 이러한 노력들을 누군가 대신해 주어 각각 회사의 10년 뒤의 모습을 정확히 그려줄 수 있다면, 내가 투자를 할 곳은 좀 더 명확해질 수 있다.

예를 들어, 10년 뒤 세종시의 모습은 지금과 또 다를 것이다. 청와대 분원과 국회 의사당 분원이 시의 중앙에 위치할 것이다. 권역별로 아파트가 거의 입주를 완료했을 것이고, 백화점도 들어설 것이다. 현재 40만이 안 되는 인구가 80만에 가까운 인구로 늘어날 것이다. 단순한 베드타운을 넘어 직장이 많이 생겨 주거와 직장이 공존하는 자립형 도시로 거듭날 것이다. 이는 나의 개인적인 생각이 아니라, 현재 다양한 매체의 언론에서 세종시를 분석하고 예상하는 내용에 기인한 것이다. 가끔은 부분적이나마 그렇게 발전된 도시의 상을 조감도나 컴퓨터 시뮬레이션을 통해 보여주기도 한다. 그런데 만약 비전 프로가 2030년도의 세종시의 모습을 좀 더 현실감 있게 입체적으로 그려준다면 사람들은 지금보다 더 일찍 세종시를 주거지로 선택할 것이다. 투자자들도 조금 더 일찍 세종시에 자산을 투자할 것이다. 세상에는 현재 존재하는 믿을만한 정보를 바탕으로 미래를 그려보고, 그에 따른 가치를 분석하여 선제적으로 투자하는 사람과, 실제로 예견된 미래의 모습을 눈으로 직접 보고 나서야 믿는 사람으로 나누어지게 마련이다. 전자는 선제적 투자를 통해 큰 수익을 남기게 되고, 후자는 그렇지 못하다. 비전 프로는 더 많은 사람에게 지금 당장은 보이지 않으나 곧 현실로 다가올 정보, 눈에 보이는 미래 세계를 현실감 있게 제공함으로써 선택지에 있어 균등한 기회를 부여하게 될 것이다.

제 2 장

자기관리

: 인간은 완전하지 못하다

"하늘이 장차 그 사람에게 큰 사명을 내리려 할 때에는,
먼저 그의 심지를 괴롭게 하고, 뼈와 힘줄을 힘들게 하며,
육체를 굶주리게 하고, 그에게 아무것도 없게 하여
그가 행하고자 하는 바와 어긋나게 한다.
마음을 격동시켜서 성질을 참게 함으로써
그가 할 수 없었던 일을
더 많이 할 수 있게 하기 위함이다."

맹자 어록 | <다산의 마지막 공부> 中

SELF-CHANGE
AI GUIDE

1. 매일 아침 최상의 컨디션, 하루 성공의 열쇠

기계와 로봇은 24시간 연중무휴로 작동할 수 있지만, 인간은 그렇지 않다. 인간은 일과 휴식이 조화되어야만 지속적으로 일을 추진할 수 있다. 사람은 때로 지치고, 힘들고, 피곤하며, 아플 때도 있다. 그러므로 자신이 원하는 것을 지속적으로 해나가기 위해서는 몸과 정신 상태를 항시 최상의 상태로 유지하는 것이 중요하다. 이를 위해 다음과 같은 전략들을 제안한다.

1. 운동하기

운동은 신체와 정신을 건강하게 유지하는 데 필수적이다. 운동을 통해 심장을 강하게 하고, 안정적인 수면을 취할 수 있다. 연구에 따르면, 운동을 하는 사람은 86%가 안정적인 수면을 취할 수 있으며, 이는 운동을 하지 않는 사람들의 56%에 비해 훨씬 높은 수치이다. 또한, 운동은 최대 산소 섭취량을 늘리고, 혈액순환을 개선하며, 전반적인 신체 컨디션을 향상시킨다. 아침에 일찍 운동을 하면 하루 종일 좋은 컨디션을 유지할 수 있다.

2. 음주 후 조기 회복하기

과음으로 인해 다음 날 하루를 망치는 경험은 누구나 한 번쯤 있을 것이다. 숙취는 머리 아픔, 소화불량, 식사 불능 등을 초래하여 하루의 컨디션을 안 좋은 상태로 만들기 쉽다. 과음을 했을 경우, 숙취 해소제를 활용하는 것이 좋다. 본인에게 맞는 숙취 해소제를 미리 준비해 두고, 과음 후 바로 복용하면 회복 속도를 높일 수 있다.

3. 숙면하기

숙면은 신체와 정신 건강에 매우 중요하다. 스마트폰의 장시간 사용은 도파민 분비와 화면의 빛으로 인해 잠들기 어렵게 만든다. 잠자기 전 최소 1시간 전에는 스마트폰 사용을 차단하고, 대신 책을 읽거나 따뜻한 물로 샤워하는 것을 권장한다. 침대와 이불, 베개의 상태를 최적화하고, 실내 온도를 적절히 유지하여 숙면을 방해하는 요소들을 제거해야 한다. 명상 음악이나 좋은 말의 유튜브 동영상을 듣는 것도 도움이 될 수 있다.

4. 일기를 쓰고 하루 계획 세우기

취침 전 일기를 쓰는 습관은 하루를 정리하고, 다음 날을 준비하는 데 도움이 된다. 하루 동안 있었던 일과 감정, 생각을 적어보자. 다음 날 아침에는 어제 쓴 일기를 바탕으로 오늘 해야 할 일을 계획하자. 손으로 직접 계획을 작성하면 그것들이 머릿속에 기억으로 남게 되어 그 목록을 항상 들고 다니지 않아도 목표에 집중할 수 있다. 특히, 전날 다툼이나 언쟁이 있었다면 이를 어떻게 해결할 것인지 구체적으로 계획해보자. 문제를 신속히 해결하면 불편한 마음과 걱정을 줄일 수 있다.

5. 적시적소의 영양분 섭취

하루 세끼를 골고루 먹는 것이 중요하다. 특히 아침 식사는 신체를 활력 있게 만들고, 머리 회전에 도움이 되기 때문에 꼭 챙겨 먹도록 하자. 식사의 양을 적절히 조절하여 과식을 피하고, 매운 음식 등 위에 자극을 주는 음식은 피하는 것이 좋다. 식사를 하기 전부터 적당한 양을 정하는 것이 과식을 피하는데 효과적이다.

청년들이 AI 시대에 성공적으로 살아남기 위해서는 신체와 정신의 건강을 유지하는 것이 매우 중요하다. 운동, 숙면, 적절한 식사, 일기 쓰기 등의 습관을 통해 매일 최상의 컨디션을 유지하면, AI 시대의 도전과 기회 속에서 유연하게 대처하고 새로운 기회를 잡을 수 있을 것이다. AI 시대는 도전과 기회가 공존하는 시대이며, 청년들은 이러한 창의적인 전략들을 통해 더 나은 미래를 설계할 수 있을 것이다.

2. '참을성', 그 새로운 정의

참을성이란 무엇인가?

참을성이란, '어떤 상황에 직면했을 때 나의 머릿속에 드는 감정에 대한 표현을 현장에서 바로 하지 않고, 일정 시간이 지난 뒤 다시 한번 발생했던 이벤트에 대해서 생각해보고, 그에 적절한 반응을 표하는 것'이라는 정의를 내릴 수 있다. 문득 참을성이란 무엇일까 하는 생각이 머릿속에 떠올랐다. 참을성에 대한 나름대로의 정의를 내려본 이유는 참을성 부족으로 인해 잘못했던 경험이 적지 않기 때문이다.

다른 사람과의 대화 중, 내가 전혀 생각지 못한 상황이 발생하거나 또는 상대방이 나와 전혀 다른 생각을 표현하는 경우가 종종 있다. 이 '다른 사람'은 아내, 자녀, 친구처럼 가까운 사람부터, 동료, 선배, 후배 및 처음 만나는 사람 등 모두를 포함한다. 내가 머릿속에 상상했던 것과 다른 상황이 펼쳐질 때 감정 조절이 제대로 되지 않는 경우가 있다. 이 정제되지 않은 즉흥적인 감정을 입이나 얼굴 표정으로 상대방에게 표현하는데, 이러한 모습은 거의 100% 곧 후회로 돌아오게 된다.

상황을 다시 되돌아보면 내가 잘못 생각했을 때도 있고, 설령 내가 옳더라도 상대방에게 격하게 표현할 필요가 없다는 것을 깨닫게 된다. 나와 생각이 다른 사람에게는 그냥 상대방의 생각이 나와 다르다는 것을 인정하고 말로 표현하면 된다.

쇼핑에서도 마찬가지다. 사고 싶은 물건을 보자마자 구입하게 되면, 머지않아 성급하게 구매했다는 생각이 들게 된다. 흔히들 말하는 충동구매이다. 말하는 것도, 물건을 사는 것도 즉각적인 감정에 의해 이루어지면 십중팔구 후회를 하게 된다. 후회하지 않기 위해 가장 쉽고 좋은 방법은 '시간'을 두는 것이다. 직면한 상황에서 잠시 떨어져 시간을 두고 다시 생각해 보면 명확한 판단을 내릴 수 있고, 이는 합리적인 의사결정으로 이어진다.

하루에도 수십, 수백 명을 만나고 셀 수 없이 많은 상황에 직면하게 된다. 예측된 상황도 있지만, 전혀 예상치 못한 일이 발생하기도 한다. 그때 생기는 감정을 즉시 표현하지 않고 잠시 참았다가 일정 시간을 두고 판단해 보는 것, 이것이 참을성이다. 휴머노이드 로봇은 참을성이 필요 없다. 그들은 감정에 휘둘리지 않기 때문이다.

참을성은 감정에 휘둘리지 않고, 시간을 두고 상황을 다시 생각해보는 능력이다. 이는 인간관계에서뿐만 아니라 소비, 업무 등에서도 중요한 역할을 한다. 참을성을 통해 우리는 더 합리적이고 현명한 결정을 내릴 수 있다. 참을성이 부족한 것은 참을성이라는 것이 필요 없는 AI에 비해 분명히 인간만이 가지고 있는 아킬레스건이다.

3. 마음먹기, 실행 그리고 반복하기

"Just Do it. 그 말이 참 맞는 것 같아요."

배우 유해진 씨가 TV에 나와서 인터뷰를 하면서 한 말이 있다. 살면서 어떤 목표나 꿈을 이루기 위해서는 어떻게 해야 한다고 생각하는 질문에 답하는 과정에서 그가 한 말이다. 유해진 씨는 인생의 많은 경험을 통해서 나온 말을 의미심장하면서도 소탈하게 말을 하였다. 간단하지만 매우 공감이 가는 내용이었다.

사람은 누구나 원하는 바가 있다. 이를 이루기 위한 방법은 유튜브 등에서 쉽게 찾을 수 있다. 심리적인 내용을 언급하는 내용도 있고, 실행력을 강조하는 내용도 있다. 자료들이 너무 많아서 자료들을 많이 보고나면, '그래서 결국 어떻게 하란 말이지?' 이런 생각으로 다시 도돌이표가 되어 돌아오기도 한다. 그래서 내린 결론이다. 방대한 많은 자료와 조언들의 핵심은 마음먹기, 실행하기 및 반복하기로 요약할 수 있다.

1. 마음먹기

어떤 일을 시작하기 전에 '할 수 있다'는 생각을 가져야 한다. 목표를 달성했을 때의 모습을 가능한 구체적으로 상상하는 것도 중요하다. 이때 주의할 점은, 목표를 이루었을 때 기준으로 약 30초 내의 행동만을 상상하는 것이다. 예를 들어, 마라톤 완주를 목표로 연습한 사람이 있다면, 마라톤 코스에서 포기하고 싶을 때 골인지점을 통과하는 모습을 구체적으로 상상해야 한다. 골인 후 손을 들고 포효하는 모습, 사람들이 박수를 치는 모습, 누군가 물과 수건을 챙겨주는 모습을 그려보는 것이다. 이처럼 목표를 이루고 나서의 30초 내에 일어나는 일들을 생생하게 상상하는 것이 좋다. 30초 이후의 모습을 그리면 그것은 자칫 허황된 꿈이 된다. 마라톤 완주 후 30초 이상의 모습을 자꾸 머릿속에 그리게 되면 그것은 실행하지도 않은 일에 대한 지나친 기대, 헛된 망상으로 끝나는 경우가 많다.

2. 실행하기

아무리 계획을 구체적으로 세우고 목표를 생생하게 그리더라도, 실행 없이는 아무것도 이루어지지 않는다. 실행이 어려운 이유는 많다. 사람은 자기 합리화를 통해 실행을 미루고, 처음부터 너무 잘하려고 하면 실행력이 떨어진다. 중요한 것은 일단 시작하는 것이다. 나이키의 슬로건 'Just Do It'은 이 점을 강조한다. 실행의 핵심은 완벽함을 추구하기보다, 일단 시작하고 점진적으로 개선해 나가는 것이다. 매일 아침 달리기를 통해 건강을 유지하기로 하였다면 전날에 미리 운동 복장을 챙겨놓고 자는 것이 좋다. 아침에 일어나서 여러 가지 잡생각과 미루려는 마음 때문에 실행을 하지 못할 경우가 많다. 운동복까지 챙겨 놓게 되면, 아침에 기상하자마자 옆에 놓인 옷을 입고 무조건 밖으로 나가라. 그리고 몸을 풀고 걷기부터 시작하라. 걷다보면 생각이 정리되고, 생각이 정리되면 계획된 구간에 대해서 뛰어라. 나의 생활 패턴을 단순화하고 하고자 하는 일을 할 수 있도록 준비를 하면 비교적 쉽게 실행을 하는 데 도움이 된다.

3. 반복하기

세상에 한 번만 해서 이루어지는 일은 거의 없다. 적게는 수십 번, 많게는 수백 번, 수천 번의 반복을 통해 원하는 바에 근접할 수 있다. 목표를 이루기 위해서 매일 동일한 과정을 반복하는 일이 때로는 하기 싫을 때도 있고, '반복하는 것이 과연 성과가 있는가?' 하는 의구심이 들 때도 있다. 하지만 무엇이든 반복하면 전보다 나아진다. 물론 발전의 속도가 아주 미세하더라도, 반복은 더 나은 결과를 가져온다.

진급에 두 번 실패했지만 세 번째 도전에 성공하였다. 매일 아침, 오늘 하루 무엇을 이룰 것인지 머릿속에 그려보았다. 그리고 그것이 이루어졌을 때의 모습을 상상했다. 출근해서는 주변 사람들에게 일의 계획을 설명하고, 문서로 계획을 작성해 보냈다. 책상과 의자를 정리하고 회의를 준비하며, 사람들을 모아 프로젝트에 관한 설명하고 결과물을 종합하여 작품을 만들어냈다. 이러한 패턴을 반복하며 목표를 향해 나아갔다. 무엇인가를 달성하고자 하는 의지에서 발로되는 영적인 영역은 육신을 조정하고, 반복을 통해 기계처럼 움직이는 나의 행동은 결과물의 완전성을 더한다. 목표를 이루기 위한 지속적인 생각과 행동의 움직임은 결국 성과를 만들어낸다. 원하는 바를 이루기 위해서는 마음먹기, 실행하기, 반복하기 이 세 가지의 아주 쉽고도 어려운 단순 행동을 꾸준히 실천하는 것이 중요하다.

4. 인간은 고독할 수 있어야 한다?!

일본 여행 중에 딸이 사진 보낸 '혼자 라멘 먹는 집'

나이가 들수록 혼자 지내는 법, 고독을 즐길 수 있는 방법을 배워야한다는 말이 있다. 혼자만의 내면을 스스로 점검하는 시간, 명상의 시간 등을 통해 나 자신을 둘러보는 것이 중요하다는 것이다. 인생을 어떻게 살 것인가? 하는 질문에 답한다면, 일하고 사랑하고 다른 사람들과 관계를 맺으며 살아가는 것이 중요하다. 그러나 사람은 결국 나 혼자 있는 시간을 다스릴 줄 알아야 한다. 자신과 혼자 놀 줄 아는 사람이야말로 진정 자존감이 높은 사람이고, 누가 봐도 멋있는 사람이다. 혼자 놀 줄 안다는 것은 혼자 지낼 줄 안다는 것이다.

혼자 지낼 줄 아는 사람이 해결해야 하는 문제 중 하나는 식사이다. 여기서 말하는 식사는 혼자 집에서 밥을 먹는 것이 의미하지 않는다. 식당에 가서, 즉 사람들이 많은 곳에 가서 혼자 밥을 잘 먹을 수 있어야 한다. 식당에 가서 혼자 밥을 먹는 것에 대해서 생각을 해본다. 주변의 지인들을 그렇게 나누어 본다. 아내는 혼자 식당가서 밥 먹는 게 전혀 문제 되지 않는다고 한다. 남을 의식하지 않는다고 한다. 매번 생각하는 것이지만 아내는 자존감 특히 자기애가 누구보다 강한 사람이다. 식당가서 혼자 밥 먹는 것뿐만 아니라, 아마 달에 가서 혼자 밥을 먹고 오라고 해도 전혀 거리끼지 않을 사람이다. 나는 어떠한가. 나는 아직 불편하다. 혼자 식당가서 밥을 먹는 경우는 거의 없다. 일 년에 한두 번 정도…. 최근에는 조금 늘었다. 이것이 내가 혼자 사는 법을 모르는 문제인가, 아니면 남들도 다 그런가? 그래서 이따금 주변 동료들, 선후배들에게 한 번씩 물어본다. 반반인 것 같다. 그렇다. 혼자 밥 먹는 것은 좀 어렵다. 왜 그럴까…. 혼자 밥 먹는 사람을 보면 '저 사람은 대인관계가 원만하지 못 한가 보다'라는 선입견이 들기 때문인 것 같다. 그런데 사람이 아무리 대인관계가 좋더라도 아침, 점심, 저녁을 다른 사람과 늘 같이 할 수는 없지 않은가. 아무리 대인관계가 원만하고 친구가 많은 사람도 혼자 있는 시간이 있기 마련이고 그때에는 혼자 밥을 먹어야 한다. 집에서 먹을 수도 있지만 밖에 나가 식당에서 사 먹을 수도 있는 것이다. 아직도 식당에서 혼자 밥 먹는 사람을 보면 쓸쓸하고 애처로워 보이는 것이 사실이다. 그러한 생각을 하기 때문에, 혼자 밥을 먹으면 남들도 나를 쓸쓸하고 애처롭게 느낄 거라고 생각을 하는 것 같다. 그런 감정을 다른 사람에게 줄 필요가 있는가. 하여간 대중식당에 가서 혼자 밥을 먹는 문제는 여전히 해결하지 못하는 숙제이다.

큰딸이 방학기간을 이용하여 일본 오사카 일대를 친구와 여행을 갔다. 혼자서 밥을 먹는 식당이라며 사진을 보내왔다. 사진을 보니 개인별 식사를 할 수 있도록 칸막이가 있다. 식당에서 밥을 먹는 다른 사람이 나를 보지 못할 뿐더러, 심지어 식당 주인, 종업원도 내 얼굴을 볼 수 없다. 얼굴을 서로 보이지 않도록 구조가 되어 있는 것이다.

'혼자 밥 먹는 것은 세계적인 관심사이구나.' 많은 사람들이 이 문제를 고민하는 것 같다. 그렇다. 식당에서 혼자 밥 먹지 못하는 사람을 자기애가 부족한 사람이라고 단정 지을 수 없는 것이다. 내가 불편하고, 또 불필요하게 타인에게 나에 대한 연민을 느끼게 하고 싶지 않은 생각, 이런 복잡하고 미묘한 감정에 의해 식당에서 혼자 밥 먹는 것을 좋아하지 않는 사람이 존재하는 것이다. 우리나라도 혼밥 시대가 도래함에 따라 식당에 가보면 적지 않은 변화가 있다. 혼자 먹는 식탁이 있고, 창문을 바라보고 혼자 앉을 수 있도록 구조가 변경되고 있다. 머지않아 일본처럼, 독서실처럼 혼자 먹을 수 있는 칸막이가 있는 식당이 생기지 않을까 싶다. 인간은 AI로봇과 다르게 남을 의식해야 하는, 할 수밖에 없는 그런 사회적 동물이다.

5. 정신력, 그 위대함

"후반 75분이 경과하고 있습니다. 우리 선수들 정말 잘 싸워주고 있습니다. 이제 정신력을 발휘할 때입니다. 할 수 있어요. 상암경기장을 가득 메운 붉은 악마들이 목이 터져라 응원하고 있습니다. 우리 선수들 힘을 좀 더 내기 바랍니다."

사람 11명과 AI 로봇 11명이 축구 경기를 한다고 상상해 보자. 인간 선수들은 부지런히 뛰고, 창의적인 공간 패스와 침투를 통해 상대의 허점을 노린다. 잘 숙달된 세트피스와 코너킥을 통해 슛의 기회를 포착하고, 뛰어난 개인기를 통해 상대방을 농락하며 빈 공간으로 침투하여 골키퍼를 속인다. 이러한 인간의 고급 스킬은 AI 로봇을 당황하게 만들 것이다. 반면 AI 로봇은 사전에 입력된 프로그램을 바탕으로 몇 가지 전술을 돌아가며 사용할 것이다. AI 로봇의 패스는 실수가 없고, 슛은 정교하지만 창조적인 플레이에 있어서는 인간에게 뒤처진다.

문제는 후반 20분, 인간 선수들의 체력이 급격히 떨어지면서 발생한다. 지치지 않고 동일한 페이스를 유지하는 AI 로봇에 비해 인간으로 구성된 선수단은 급격히 체력이 고갈되면서 뛰고 달리는 모습이 눈에 띄게 둔화되고 실수가 늘어난다. AI 로봇의 단조롭고도 뻔한 공격 패턴이 이제는 무섭게 느껴진다. 인간으로 구성된 선수단은 체력이 고갈되는 소위 '마의 70분 대'를 이겨내게 되면서 마무리 단계로 접어드는 80분대로 돌입한다. 70분에서 80분으로 넘어가는 이 10분의 고비를 잘 견뎌야 한다. 이때가 가장 힘들다. 모두가 힘들어하고, 잠시라도 걷고 싶어진다. 경기가 잠깐 멈출 때마다 벤치에 물을 요구하고, 코치는 부족한 플레이를 보완하라고 계속 주문한다. 코치의 말이 어떤 의도인지 이해는 가지만, 몸은 따라주지 않는다.

이때 발휘되는 것이 바로 정신력이다. 정말 힘든 상황에서 포기하고 싶은 유혹을 물리치는 힘, 그것이 정신력이다. 우리는 이것을 초인적인 힘이라고도 한다. 인간의 능력치는 어느 정도 정해져 있지만, 극한 상황에서는 정신력이 이를 뛰어넘게 만든다. 예를 들어, 평소 3km를 12분에 주파하는 선수가 갑자기 10분 안에 들어오는 것은 불가능하지만, 11분대에 들어오는 것은 가능하다. 그것은 초인적인 힘을 발휘하게 하는 정신력 덕분이다.

정신력은 과학적으로 설명하기 어렵지만, 많은 사람들이 초인적인 힘의 존재를 경험하고 인정한다. 특히 목적이 명확하고, 실패했을 때의 결과에 대한 거부감, 성공했을 때의 기쁨과 보상, 타인의 기대와 존경하는 사람에 대한 보답 등으로부터 초인적인 힘은 나온다. 정신력이 발휘되기 위해서는 평소에 이미지 트레이닝을 해야 한다. 마의 70분대에서 한 걸음조차 내딛기가 힘든 상황을 잘 극복할 수 있도록 기도하고, 초인적인 힘을 발휘할 수 있도록 준비해야 한다.

인류는 AI 로봇보다 신체적, 지능적으로 뒤처질 수 있다. 그러나 인간에게는 AI가 갖지 못하는 초인적인 힘, 정신력이 있다. 정신력, 사기, 단결, 화합 등 무형의 가치들은 인간만이 가지고 있는 고유 영역이다. 이러한 것들이 발휘되지 않는다면, 즉 순수한 인간의 유형적 요소로만 승부한다면

AI 로봇을 상대하여 이기기 어렵다.

　책상에 가만히 앉아 잠시 눈을 감아보자. 까만 우주 같은 미지의 영역이 보일 것이다. 주변의 빛으로 인해 그 어두운 영역에 무엇인가 번쩍거리는 것을 볼 수도 있다. 그 적막하고 고요한 세계에 주문을 걸어보자. 내가 곧 당면할 어려운 한계 상황은 무엇이며, 그 상황을 어떻게 극복할 것인지 마음속으로 그려보라. 그리고 이루고 싶은 모습을 조용히 말해보자. 이것이 정신력을 발휘하게 하는, 초인적인 힘을 끌어내는 프로세스다.

6. 인생은 고난의 행군의 연속이다

일이 잘 풀리지 않을 때가 있다. 때로는 감당하기 힘든 일들이 연속적으로 몰려올 때도 있다. 왜 나에게만 이런 감당하기 버거운 일들이 연속적으로, 한꺼번에 몰려오는지 생각하게 된다. 많은 사람들이 인생을 재미있게 살라고 말한다. 공감하지만, 쉽지 않은 일이다. 신나고 재미있게만 사는 것은 솔직히 어렵다. 불가능하다. 자신이 하고 싶은 일을 원하는 만큼 할 수 있다면 즐거울 것이다. 나뿐만 아니라 주변의 가족, 친지, 부모, 형제들이 모두 행복하면 나도 행복하다. 내가 사회적인 동물로서 사람들과 연대하고 있는 이상, 행복은 쉽지 않다. 나 자신을 행복하게 만들기도 쉽지 않은데, 내 주변 사람들까지 모두 행복하게 만들어야 진정한 행복이 온다는 것은 자명한 사실이지만 말처럼 쉽지 않다.

학창 시절에는 학업으로 인해 피로가 누적되고 스트레스도 많았다. 직장인이 되어서는 승진과 권력, 그리고 돈벌이를 위해 일을 한다. 더 나은 대우와 위치에 오르기 위해 경쟁하며 살아남아야 한다. 그렇게 인생을 살다가 50대가 넘으면 은퇴를 준비해야 한다. 은퇴 후의 삶도 녹록지 않다. 일정한 수익이 있어야 하고, 적당한 일거리가 있어야 하며, 외롭지 않게 사람들과 어울려 살아야 한다. 자식들은 결혼하여 아이를 낳게 될 것이다. 나이가 들면 몸이 온전치 않아 아픈 곳이 많아지고, 병원을 자주 찾아다니며 힘든 나날을 보낼 것이다. 그런 와중에 정치, 사회, 경제 문제에 국민의 한 사람으로서 관심을 가지고 참여하기도 할 것이다. 사회적인 갈등이 생길 때마다 고민하고 의견을 적절히 피력해야 한다. 사람은 왜 태어났으며, 어떻게 사는 것이 잘사는 것인가에 대한 답은 여러 가지가 있을 수 있지만, 기승전결을 거쳐 이르는 동일한 결론은 인생은 쉽지 않다는 것이다. 과거에 모셨던 사령관님께서 책에서 이렇게 말씀하신 적이 있다. 요즈음에 그 말이 공감이 가서 포스트잇에 적어 책상머리에 붙여놓고 힘에 부칠 때마다 그 문구를 읽는다.

"인생은 고행, 즉 고난의 행군이다. 인생은 지속적인 고행 속에서 간헐적인 행복을 느끼는 여정일 뿐이다.[1]"

'인생을 즐겁고 재미있게 살라'는 말보다 솔직히 이 문장이 더 와닿는다. 그리고 위로가 된다. 인생은 누구에게나 고난의 연속이구나. 이는 나만 그런 것이 아니라 모든 사람에게 해당하는 것이구나. 그렇지, 어렵고 힘들게 살면서도 가끔 즐겁고 행복한 일이 있기도 하지. 그건 분명하다. 이런 생각에 이 문장에 매우 공감하게 된다. 그리고 이 문장이 사실이라면 인생을 살면서 당면하게 되는 많은 문제들을 차라리 받아들이는 것이 좋겠다. 어차피 나뿐만 아니라 모든 사람들은 고난의 행군을 지속하며, 그 속에서 가끔 행복을 느끼는 것이니 이를 당연히 받아들이고 열심히 삶에 진심으로 접근하게 된다면, 그리고 그것이 해결된다면 기쁘지 아니한가?
'인생이란 무엇인가'와 같은 철학적, 심오한 질문에 대한 해답을 찾기 위해 인간은 생명이 지속되는 한 계속 고민하기 마련이지만, 로봇은 이런 고민을 하지 않는다. 이것은 인간만의 문제다. AI가 인생이란 무엇인가에 대한 적절한 답을 찾아줄 수도 있겠다.

AI의 도움을 받아 인간만이 느끼는 '고난의 행군'의 짐을 덜어내는 것도 하나의 방법이 될 수 있겠다.

7. 절박함을 임의적으로 만들 수 있다면

    사람들은 목표를 세우고 그 목표를 이루기 위해 노력한다. 목표를 달성하는 방법과 성공요인에는 여러 가지가 있다. 그중에서 가장 중요한 것은 절박함이다. 절박함이란 일정한 마지노선이라는 기간이 정해져 있는 상태에서 반드시 목표를 달성하고 말겠다는, 또는 달성하지 않으면 안 된다는 신념을 말한다. 그런데 이 절박감은 통상 사람이 어떤 위기에 처해 있을 때 생성되고 발휘되는 것이 일반적이다. 예를 들어, 어떤 시험에 합격해야 하는데 이것이 본인에게 마지막 기회일 때, 마지막 진급 및 승진 기회와 같이 통상 마지막일 경우에 절박감은 생기기 마련이다. 절박함이 들면 사람의 눈빛과 행동은 달라진다. 오로지 목표 달성을 위해 자신의 모든 시간과 에너지를 거기에 집중한다. 하루 종일 목표를 달성하기 위한 수단과 방법만을 생각하게 되고, 잠도 잘 오지 않기 마련이며(잠을 잘 시간도 없으며, 잠을 자지 않아도 피곤하지 않다.), 초인적인 힘이 발휘되어 오로지 목표를 위해 정진한다. 이러한 절박함은 집중의 힘을 발휘하게 하여 목표를 달성하는데 결정적인 역할을 한다. 하지만 사람은 불완전한 존재인지라, 이러한 절박함은 꼭 특별한 어떠한 계기가 있을 때, 앞서 언급한 '마지막 기회'일 때 생기게 마련이다. 이렇게 마지막 상황이 아니더라도 절박함을 스스로 갖게 만드는 것은 대단히 어렵다. 예를 들어 평상시에 하는 업무, 운동, 다이어트를 하겠다는 자신과의 약속이 그러한 경우이다. 업무, 운동, 다이어트를 할 경우 스스로 절박함이 생긴다면 본인의 혼신의 노력을 기울이게 되는데, 이것이 마지막 기회가 아닐 경우 절박함은 쉽게 생기지 않는다. 그러하다 보니 절박함을 상실한 사람은 목표 달성 경로에서 벗어나기 쉬우며, 쉽게 포기하기도 하고, 같은 일을 해도 일의 능률이 나지 않기도 한다.

따라서, 마지노선이 없는 상태에서 절박함이 생기기 위해 사람들은 여러 가지 수단을 강구하기도 한다. 목표를 써서 머리맡에 붙이고, 일일단위, 시간단위로 세부 목표를 기록하기도 한다. 요즈음에는 친구와 함께 공부하면서 스마트폰을 틀어놓고 서로 공부하는 것을 감시하기도 하며 서로를 독려하는 방법을 사용하기도 한다.

절박하지 않은 환경에서 절박함을 만들어 내는 것은 매우 어려우면서도 중요하다. 마지노선이 없는 상태에서 스스로를 절박한 상황에 이르게 할 수 있다면 그것은 소위 신의 경지에 다다른 사람이라고 할 수 있다.

명상, 마음가짐, 종교, 신념, 수양, 일기 등을 통해 하루하루를 절박한 마음으로 인생을 살아가는 것은 AI의 능력을 초월하게 만드는, 인간이 초인적인 힘을 발휘하게 하는 인간의 고유영역이다. 임의적으로 절박함을 만드는 방법을 각자 고민해야 한다.

8. '화냄'과 '엄함' 구분하기

올해 4월경 임관빈 예비역 장군님께서 사단에 오셔서 젊은 장교들을 대상으로 강연을 하셨다. 군 생활하면서 두 번째로 임관빈 장군님의 강연을 들었다. 첫 번째 강연은 내가 대위 때인 30대 초반 나이였을 때였다. 약 15년 전에 들었던 강연 내용이 기억이 잘 나지 않지만 그때에도 강연 내용이 마음에 와닿아서 임관빈 장군님께서 집필하신 책 『성공하고 싶다면 오피던트가 되라』라는 책을 사본 기억이 있다. 임관빈 장군님은 나이가 일흔이 넘으셨지만 여전히 건강하시고 에너지가 넘치셨다. 임관빈 장군님은 중위진급자들에게 특히 부하로서 갖추어야 할 네 가지를 강조하셨는데 나는 이를 '주야정상'이라고 앞 글자를 따서 외우고 다닌다. 네 가지는 주인정신을 가질 것, 야무지게 일할 것, 정직할 것 그리고 상관의 스타일을 존중할 것이었다.[2] 또한 군인은 부하를 사랑하되 '엄해야 한다.'라는 것을 강조하셨다. 이 내용은 저서에는 나와 있지 않은 내용이지만 장군님은 강연하면서 여러 번 힘 있게 강조하셨다. 내가 엄해야 한다는 말을 기억하는 것은 평시에 '엄해야 한다' 것이 쉽지 않다는 생각을 해왔기 때문이다. 과연 엄하다는 것의 진정한 의미는 무엇일까. 이 말의 의미가 다소 어려운 것은 엄함과 화냄이라는 것의 차이를 잘 알고 구분해야 하기 때문이다.

리더십을 발휘하는 위치에 있을 때, 잘못된 현상에 직면하면 화냄과 엄함을 구분하고 적절히 대응하는 것이 중요하다. 여기서 화냄과 엄함을 구별하는 방법과 그 적용 방안에 대해 생각해본다.

화냄 vs 엄함

화냄: 불만족감과 감정의 격해짐을 외적으로 표현하는 것. 이는 리더가 자신의 감정을 통제하지 못하고 상대방에게 표출하는 것으로, 종종 조직의 분위기를 해칠 수 있다. 예를 들어, 회의 중에 부하가 실수를 했을 때 감정을 억제하지 못하고 언성을 높이는 경우가 이에 해당한다.

엄함: 일의 사리분별을 명확히 하고 주어진 잣대를 예외 없이 적용하는 것. 엄함은 감정을 배제하고, 규율과 원칙에 따라 행동하는 것으로 조직의 기강을 세우는 데 중요한 역할을 한다. 예를 들어, 팀원이 규정을 어겼을 때 감정적으로 대하지 않고 규정에 따라 공정하게 징계하는 것이다.

엄함의 두 가지 방식으로의 발현

화가 나지 않은 상태에서의 엄함: 리더가 평상시 규율 준수를 강조하고, 예외 없이 규정을 적용하는 것을 의미한다. 이는 리더가 화가 나지 않은 상태에서 이루어지므로, 구성원들에게 공정성과 일관성을 인식시킬 수 있다. 예를 들어, 모든 팀원이 정시에 출근하도록 일관된 기준을 적용하고 이를 엄격히 관리하는 것이다.

화가 난 상태에서 엄함으로의 전환: 잘못된 현상에 대해 리더가 화가 난 상태에서도 이를 외적으로 표출하지 않고, 냉정을 되찾은 후 엄함으로 전환하는 것이다. 이는 리더가 감정을 통제하고, 교육과 훈계를 목적으로 하는 행동이다. 예를 들어, 중요한 프로젝트에서 실수가 발생했을 때, 화를 내지 않고 상황을 분석한 후 필요한 조치를 취하는 것이다.

엄함을 발휘하는 절차

평상시 규율 준수 강조: 평소에 규율과 원칙을 강조하고, 상하를 막론하고 예외 없이 이를 적용하겠다는 의지를 명확히 한다. 이는 리더가 화가 나지 않은 상태에서도 엄함을 발휘할 수 있게 한다. 예를 들어, 정기적으로 규정 준수 교육을 실시하고, 이를 철저히 이행하는 모습을 보이는 것이다.

냉정한 상태 유지: 화가 난 상태에서 감정을 표출하지 않고, 냉정을 유지하며 상황을 판단한다. 이는 리더가 화를 참으며 엄함을 발휘하는 것을 가능하게 한다. 예를 들어, 화가 날 때는 잠시 자리를 피하거나 심호흡을 통해 감정을 가라앉히고 나서 문제를 해결하는 것이다.

하급자의 관점에서

구별의 어려움: 하급자는 상사의 행위가 화냄인지 엄함인지 구분하기 어려울 수 있다. 그러나 리더는 자신의 행동이 화냄인지 엄함인지 명확히 알고 있어야 한다.

명확한 기준 제시: 리더는 자신의 행동이 엄함임을 강조하고, 그 이유와 목적을 명확히 설명해야 한다. 이는 하급자에게 공정성과 일관성을 인식시키는 데 도움이 된다. 예를 들어, 징계나 훈육을 할 때는 그 이유를 명확히 설명하고, 개인적인 감정이 아님을 분명히 해야 한다.

감정 통제 방법

심호흡과 명상: 화가 날 때 심호흡을 하거나 짧게 명상을 하는 것이 도움

이 된다. 이는 즉각적으로 감정을 가라앉히는 데 효과적이다.

잠시 자리 피하기: 상황이 허락한다면 잠시 자리를 피하고 산책을 하거나 차 한 잔을 마시면서 감정을 조절할 수 있다.

긍정적인 사고 훈련: 평소에 긍정적인 사고를 훈련하여 화가 나는 상황에서도 긍정적으로 생각하려고 노력한다.

리더는 자신의 감정을 통제하고, 화냄을 엄함으로 변환시키는 능력을 길러야 한다. 처음부터 화를 내지 않는 법을 터득한 사람은 훌륭한 리더이며, 본인의 화를 컨트롤하여 엄함으로 전환시키는 자는 귀인이라고 할 수 있다. 이를 통해 조직의 기강을 바로 세우고, 구성원들에게 공정성과 일관성을 전달할 수 있다. 조직의 성공은 이러한 리더의 감정 통제와 공정한 리더십에서 비롯된다.

9. 每時不讀書 口中生荊棘
(매시부독서 구중생형극)

사람의 행위에는 책임이 따른다. 행위를 하지 않으면 책임이 발생하지 않기 마련이다. 그렇다면 행위를 하는 주체는 자신의 행위가 가져올 영향에 대해서 생각하지 않을 수 없다. 사람의 행위에는 여러 가지가 있을 수 있다. 대표적인 것은 생각, 말, 행동이다. 생각, 말, 행동은 따로 가는 것이 아니라 유기적으로 연결되어 있다.[3] 생각, 말, 행동은 트라이앵글 구조로 연결되어 있으며 각각의 행위에 서로 영향을 미친다. 따라서 생각은 옳지 못하게 하면서 말과 행동을 잘할 수 있다는 것은 어불성설이다.

어제 배우 조정석 주연의 〈파일럿〉이라는 영화를 보고 왔다. 여성이 직장 내에서 겪는 고충과 인권에 대한 내용을 희화화하여 표현한 내용이었다. 주인공은 불가피하게 여장을 하게 되었는데, 여성의 입장으로 생활을 해보니, 여성이 겪게 되는 고충을 이해하게 되고, 자신이 평시에 여성을 대했던 행동에 대하여 미안함을 느끼게 된다. 평상시에 갖고 있던 생각이 말과 행동에 영향을 미친다는 것을 영화를 보면서 다시 한번 느낄 수 있었다.

결론적으로 나 자신의 말과 행동을 바르게 하기 위해서는 평시에 생각을 바르게 해야 한다. 자신이 갖고 있는 생각은 자신의 말과 행동에 의도적이든 부지불식간이든 밖으로 표현되기 마련이다.

반대로 말하자면 생각이 옳지 못한 사람은 자신의 말과 행동이 무엇이 잘못되었는지도 인식하지 못하는 경우가 있다. 생각과 말, 그리고 행동은 맞물려서 돌아가기 마련인데 그 중에서 우선순위를 따지자면 생각인 것이다. 자신이 생각한 데로 말과 행동은 나오기 마련이기 때문이다. 여기서 말하는 생각을 통상 개인의 주관, 가치관이라고 한다.

역사인식, 사회의 문제를 바라보는 시각, 정치에 대한 생각 이런 것들이 한 개인의 국가관, 사생관을 만들게 된다. 그런데 한 개인의 역사인식, 사회 문제를 바라보는 시각, 정치에 대한 참여는 개인의 지식의 정도에 따라 달라진다. 지식이 높을수록 자신의 생각과 관점의 수준은 높아지게 마련인 것은 이러한 맥락에서 보면 어찌 보면 당연하다. 지식은 경험을 통해 향상될 수 있다. 경험은 직접 경험과 간접 경험으로 구분된다. 직접 경험은 많은 시간과 에너지를 필요로 한다. 특히 시간이 많이 소요된다. 살면서 새로이 경험하는 것은 극히 일부분이기 때문에 모든 것을 경험을 통해 축적하는 것은 사실상 불가능하다. 한평생 직접경험을 하고 이를 통해 배우다가 인생을 정리할 때를 맞이하게 되며, 죽기 전까지 후회할 일이 가득할 수도 있다. 간접경험은 이러한 직접 경험에 소요되는 시간과 에너지를 몇십 분의 일, 몇백 분의 일로 줄일 수 있다. 간접경험에는 독서와 경험자들의 얘기를 듣는 것 등이 있다. 경험자의 얘기를 듣는 것은 과거에는 쉽지 않았다. 요즈음에는 인터넷, 유튜브에 그러한 경험자의 얘기가 홍수를 이룬다. 너무 많고 내용도 다양하여 내 것으로 흡수하고 만들어야 하는 것이 무엇인지 분별하기도 쉽지 않다. 독서는 구체적인 정보와 경험을 간접적으로 경험할 수 있다. 책에 나와 있는 내용은 체계적이기 때문에 이해하기 쉽고 논리정연하게 정돈된 사실을 내 것으로 흡수하기에도 용이하다. 책의 내용이 무엇이건 간에 책의 내용은 그 자체는 나에게 간접 경험을 준다. 책을 쓰는 사람은 자신을 갈아 책을 쓴다. 그 한 권의 내용을 작성하기 위해 자신의 생각을 정리하고 또 정리한다. 여러 번의 퇴고와 탈고 과정으로 집필자의 생각을 완성하고 이를 최종 책으로 발간하는 과정을 거친다. 허위로 책을 쓰는 것은 쓰는 것 자체도 어렵다. 따라서 사람은 책이라는 남의 값진 경험을 자주 접해야 한다. '일일부독서 구중생형극(一日不讀書 口中生荊棘)'이라는 말을 처음들은 것은 생도 4학년 때로 기억한다. 서도부를 하면서 졸업작품으로 쓸 내용을 고민하다가 이 문구를 선택한 것으로 기억한다. 당시에는 솔직히 이 문구의 정확한 뜻을 이해하지 못했다. 왜 하루라도 책을 읽지 않으면 입안에 가시가 돋친다는 것일까? 그렇다면 나는 입안에 수천 개의 가시가 이미 돋았을 텐데? 인간의 생각과 말, 행동은 하루에도 수천 개가 발생한다. 그러한 행위에서 가장 중요한 것은 생각이고 생각을 좌지우지 하는 것이 자신의 지식이 아니었는가. 그리고 그 지식의 힘을 쌓는데 가장 효과적인 것인 독서가 아니겠는가. 그렇다면 인간은 매순간 발생하는 자신의 생각, 말, 행동을 올바르게 하기 위해서는 항시 지식을 쌓아야 하고 이를 위해서는 책을 읽어야 한다는 것으로 그 문구를 풀이하고 있다. 그런 의미에서 보면 '일일부독서'가 아니라 '매시부독서'라는 말이 더 타당한 것으로 생각된다. 책을 항상 옆에 끼고 살며 자신의 생각을 바르게 하는 것에 단 한순간도 게을리 해서는 안 된다. 내 옆에는 항시 '하버드대 인생학 명강의, 어떻게 인생을 살 것인가(쑤린 지음)'이 함께하고 있다.

10. 정상등극의 화룡점정, 심리전

'로저 페더러, 라파엘 나달, 노박 조코비치'

전 세계 테니스계를 주름잡았던, 잡고 있는 테니스 선수 3인방이다. 조코비치는 이번 프랑스파리 올림픽에서 골드메달을 목에 걸어 골든 그랜드 슬램을 달성했다. 페더러는 젠틀하고 신사적이다. 영상을 통해 봤을 때에 페더러가 거친 언행과 행동을 하거나 심판에게 과한 항의를 한 적은 없던 것으로 기억한다. 사실 뭐 그리 다른 사람에게 친절하지도 않았던 것 같다. 그는 항상 평정심을 유지하는 듯 보였다. 그는 포핸드도 좋지만 한손 백핸드는 가히 대단했다. 라파엘 나달은 역동적이고 에너지가 넘치는 선수였다. 그의 독특한 루틴은 자주 영상에 오르고 내린다. 그는 음료수 병까지 반듯하게 줄을 세워 놓았다. 귀 뒤로 머리를 넘기는 행위, 엉덩이 부분의 바지를 만지는 행동 등 이러한 그의 루틴은 항시 반복되었다. 보는 사람으로 하여금 눈을 바쁘게까지 한다. 하지만 그의 강력한 왼손 포핸드는 강력한 드롭이 걸려 바운드가 높이 튀어 상대방을 곤혹스럽게 한다. 노박 조코비치의 기술은 딱히 특이한 점은 없다. 조코비치는 그러나 좀처럼 범실을 하지 않는다. 완벽한 정석 플레이를 함으로써 상대방을 질식시키는 플레이를 한다. 이따금 쇼맨십도 보여줬다. 볼보이에게 양산을 씌어주는 행동, 관중들에게 보내는 하트 세레머니, 가끔은 춤을 추며 관중들의 흥을 북돋아 주기도 한다. 하지만 그는 경기가 잘 풀리지 않을 경우 고함을 지르기도 하고 테니스 라켓을 바닥에 내려치며 다소 폭력적인 행동을 보여주기도 하여 관중들의 눈살을 찌푸린다. 이 3명의 플레이어는 분명 세계적인 스타임에는 분명하다. 이들의 플레이와 스타일을 감히 논하는 것조차 부담스럽다. 이들이 한창 때 벌어들인 수익은 실로 어마어마하며, 소위 여생 동안 돈을 버는 행위는 할 필요도 없는 상태임은 분명하다.

이들은 한 시대를 풍미하고 지금 마지막을 불태우고 있으나, 머지않아 은퇴를 할 시기가 다가오고 있다. 페더러는 이미 은퇴를 했다.

이 시점에서 언급하고 싶은 것은 이들이 우승하는 것은 어느 때인가를 돌이켜보기 위함이다. 이 3명의 선수들은 사실 실력이 비슷비슷하다. 거의 15년 남짓 기간 동안 메이저 경기의 결승은 이 3명 중 둘이 맞붙는 경우가 대부분이었다. 지극히 아마추어인 내가 봐도 이들의 실력은 최정상이라고 할 수 있을 정도로 훌륭했고 멋있고 완벽했다. 그러나 분명한 것은 승리하는 날의 이기는 선수의 플레이는 몇 가지 공통점이 있었다. 몸이 가볍고, 평소에는 하지 않는 불필요한 행동을 하지 않으며, 말수가 거의 없이 과묵하다는 것이다. 자기 루틴에 충실하고, 실수를 해도 크게 흔들림이 없다. 서브가 잘 들어가고, 정말 치기 어려운 공도 끝까지 공을 따라가서 살려 낸다. 그런 플레이를 하는 날 그 선수가 승리를 가져간다. 달리 말하면 15년 남짓 이들의 수준은 항시 거의 비슷했고 누가 월등히 잘해서 이기거나 잘 못해서 졌다기보다는 그날그날의 컨디션에 의해 승패가 결정되었다는 것이다. 그런데 이렇게 수십 년 동안 왕좌를 지킨 선수들이 컨디션 관리를 제대로 안 했을 가능성은 거의 없다. 특별히 몸이 좋지 않거나 부상을 당하지 않았다면, 이들은 주어진 루틴대로 컨디션 관리를 한다. 심지어 이들에게는 전문 트레이너가 몇 명씩 붙어서 같이 생활하기 때문에 컨디션 관리까지 완벽하게 하려고 늘 노력한다. 실력도 비등하고, 컨디션 관리도 항시 제대로 되어 있다고 가정한다면, 승리의 트로피는 누가 가져가는 것일까.

과학적으로 분석을 해보면, 또는 전문가의 분석을 인용하자면 이 3명의 승패는 최종적으로는 심리에 의해 좌우된다. 심리는 크게 경기 외적인 요인과 경기 내적이 요인으로 구분될 수 있다.

먼저 경기 외적인 요인은 이번 경기에 임하는 자세, 반드시 이번 경기에서 우승을 하겠다는 절박함과 필승의 신념, 세계 랭킹 1위를 유지하겠다는 운동선수로서의 건강한 욕심 등이 있다. 또한 가정과 지인들의 행복, 운동에만 전념할 수 있는 주변 환경 등으로 인한 안정되고 평안한 마음이 그날 경기에 영향을 미친다.

경기 내적인 요인은 상대방을 이길 수 있다는 신념, 자기 실력에 대한 확신, 한두 번의 에러와 실수에 쉽게 흔들리지 않는 평정심, 나 스스로 오늘 컨디션이 최상이라는 자기 최면, 힘들고 포기하고 싶을 때 다시 한번 뛰게 만드는 추진 동력을 위한 자기 암시 등이라고 할 수 있다.

기본적인 물리적 연습량도 하루아침에 쌓을 수 없는 것이지만 이 심리적인 부분이이야말로 변수가 많고 관리하기가 쉽지 않다. 경기 외적 요인은 본인 의사와 무관하게 변화되기 쉽고, 상황이 악화될 수 있다. 경기 외적인 요인에 의해 심리적 영향을 받을 수 있는 요인을 차단해야 한다. 경기장에 들어서는 끊임없이 자기 자신과 싸우면서 나 자신에게 암시를 걸며 승리에 대한 신념을 유지해야 한다. 이러한 심리적인 부분이 매우 어렵기 때문에 이들은 개인별 전문 심리상담가를 고용하기도 한다. 심리상담가는 팀 트레이너의 한 명에 속하여 선수와 항시 같이 움직인다.

이들 뿐만 아니다. 세계적인 선수들은 종목 여하에 상관없이 심리상담가의 도움을 크게 받는다. 매순간 흔들릴 수 있는 감정과 그에 따른 기복을 최소화하기 위해 이들은 전문 상담가의 코칭을 받는다. 어떻게 보면 인류가 AI에 비해 가장 취약한 점이라 할 수 있다. 사람이기 때문에 갖는 여러 감정들, 사람을 사람이라고 구분 지을 수 있는 사람만이 느끼는 다양한 감정이라는 것이, AI에게는 치명적인 허점으로 보여질 수 있다.

자신의 약점에 사로잡혀 쉽사리 경기를 내주느냐, 평시에 갖고 있는 능력과 힘을 뛰어 넘어 초인적인 힘을 발휘하느냐는 심리적인 요인에 의해 결정이 되는 것이다. 말 그대로 일체유심조(一切唯心造)다.

11. 강남 아이들이 공부를 잘하는 이유

　매년 대학입시 성적이 발표되면서 나타나는 현상이 있다. 서울 거주 학생들의 성적이 꾸준히 상향되고 있다. 특히 서울대학교에 합격하는 학생들 중 서울에서 공부한 학생들의 비중이 점차 높아지고 있으며, 그중에서도 강남구 일대, 소위 강남 8학군에서 공부한 학생들이 많다. 예를 들어, 2023년 서울대학교 합격자 중 약 40%가 강남 3구(강남, 서초, 송파) 출신이라는 통계가 나왔다. 이는 서울대 전체 합격자 중 서울 지역 출신이 차지하는 비율이 약 60%임을 감안할 때 상당히 높은 수치다. 이 현상에 대해 분석한다면 사교육이 차지하는 비중이 크다고 볼 수 있다. 사교육 시장의 확대는 바람직하지 않다고 생각하지만 여기서는 다루지 않겠다.(대한민국의 사교육 문제 해소와 미국의 총기 규제 실현 중 어느 것이 먼저 이루어질까 하는 생각을 늘 하곤 한다.)

　서울에는 소위 3대 학원가가 있다. 서울 강남의 대치동, 목동, 노원구 상계동 은행 삼거리 일대다. 대치동은 약 1,500개의 학원이 밀집해 있고, 목동은 약 1,000개, 상계동은 약 700개의 학원이 있다. 나 역시 아이들을 서울에서 키우면서 학원 셔틀 차 몇 번 학원가 근처를 방문한 적이 있다. 특히 대치동의 학원 수는 정말 많다. 지도에서 검색해보면 대치동에 학원이 많다는 것을 알 수 있지만, 실제로 현장에 가보면 정말로 많은 학원 수에 놀라지 않을 수 없다. 건물이 온통 학원, 독서실, 스터디 카페, 편의점, 코칭 학원 등으로 가득 차 있다. 골목골목마다 학원을 다니기 위해 이동하는 아이들로 가득하다. 대부분의 학생들은 검정색 가방을 메고, 한 손에는 커피를 들고 있으며, 귀에는 에어팟을 꽂고 있는 모습마저도 비슷하다.

　딸아이의 하원을 기다리며 잠시 주차를 해놓았다. 좁은 길 사이로 학부모들의 차가 쉬지 않고 움직인다. 아이들은 타고 내리고, 비상등을 잠시 켰던 승용차는 너무도 자연스럽게 순식간에 골목길을 빠져나간다. 여름 및 겨울 방학 때는 그 속도가 두 배가 되는 듯한 느낌이다. 방학을 맞이하여 특강을 실시하는 종일반 학원에는 클래스마다 어림잡아 70~80명의 학생들로 가득하다. 그것도 그 클래스는 선착순이 아닌 시험을 보고 합격해야 들어갈 수 있다. 이른 아침에 아이들은 학원에 도착하여 수업을 듣고, 학원에서 주는 점심을 먹고 오후 수업을 듣는다. 저녁을 먹고 야간에도 학원 강사에 의한 수업과 보충이 계속된다. 밤 10시가 되면 아이들의 수업은 비로소 종료된다. 밤 10시 학원 앞에는 아이들을 태우러 온 학부모들의 차로 가득하다. 차로 학생을 데리러 온 부모, 걸어서 마중 나온 어머니, 동생으로 보이는 아이들까지 수십 대의 차와 학부모들이 기다리고 있다. 그러나 그들의 움직임으로 인해 무질서하거나 하지는 않다. 그들은 늘 그러했듯이 자연스럽게 빠져나간다. 쏜살같이 자리를 이탈한다. 그러한 시간마저도 아깝다는 듯. 학생들 중에는 자발적으로 학원을 다니는 학생들도 있고, 부모의 권유로 다니는 학생들도 있을 것이다. 그러나 강제로 다니는 학생은 없다고 확신한다. 아무리 부모의 강요 아닌 강요를 통해 학생을 학원에 보낼 수 있다 해도 학생이 하루 종일 하원에서 수업을 듣는다는 것은 본인의 의지가 전혀 없다면 불가능한 일이다.

서울 강남의 소위 공부를 좀 해보겠다는 학생들의 하루는 이렇게 흘러간다. 아침부터 학원, 저녁에도 학원이다. 식사는 편의점에서 간단히 해결하거나 분식점에서 해결한다. 말 그대로 아침부터 저녁까지 그들은 학원, 공부, 집의 반복된 연속이다. 그들의 머릿속에는 과연 무슨 생각을 하고 있을지는 모르겠으나, 그들의 눈에 하루 종일 보이는 것은 공부와 관련된 것뿐이다.

과거에 같이 근무하던 전우와 나눈 얘기를 아직도 잊을 수 없다.
"선배님, 왜 강남 아이들이 공부를 잘하는지 아십니까?"
"글쎄, 좋은 학원이 많아서가 아닐까?"
"글쎄요, 제가 강남에 쭉 살아보니까 학원의 수가 많은 것만으로는 그 답을 내리기는 어렵다고 봅니다."
"그러면 뭐 때문이지?"
"저는 공부에 대한 열정에 추가하여 부모들과 학생들이 형성하는 에너지가 추가된다고 생각합니다. 학원을 다니고 수업을 받고, 공부를 잘하기 위해 노력하는 부모들, 학생들의 그 처절하고 절박한 노력, 그것들이 모여 에너지라는 보이지 않는 엄청난 힘을 만듭니다. 좋은 학원들의 수는 단순히 플러스 요인이 되지만, 에너지는 엄청난 시너지 효과를 만들고, 그 에너지는 그곳에서 생활해야만 느낄 수 있는 보이지 않는 힘입니다."

처음에는 뭐 그럴 수도 있겠다고 생각이 들었다. 하지만 시간이 지날수록 에너지의 의미를 곱씹어본다. 무엇을 반드시 이루고 말겠다는 노력, 집념, 투자, 열정 이런 것들이 모여 에너지가 된다. 단순히 학원 수가 많다고 해서 공부를 잘하는 동네가 되는 것은 아닐 것이다. 그곳에는 부모들의 땀과 학생들의 필승정신이 깃들어 있는 열정의 도가니가 있으며, 필생즉사 필사즉생(必生卽死 必死卽生) 이상의 절박함이 가득하다.

12. Only One vs. Multi Tasking

인간의 두뇌는 한계가 있다. 그래서 두뇌의 연산 능력과 저장 용량에는 제약이 있다. 아무리 똑똑한 사람이라도, 심지어 천재라 불리는 사람조차 하루에 처리할 수 있는 일의 양에는 한계가 있다. 반면, AI는 그렇지 않다. AI는 우리가 상상할 수 있는 수준을 뛰어넘는 연산과 저장 능력(데이터센터)을 가지고 있다. 휴머노이드 로봇이 발전하여 사람과 유사한 형태로 활동하게 되면, 비록 감정과 공감 능력은 부족하더라도 우수한 연산과 저장 능력으로 인간을 앞지르게 될 것이다.

이러한 인간 두뇌의 한계로 인해 우리는 과거부터 '한 가지 일에 집중'과 '멀티태스킹'에 대해 논쟁을 벌여왔다. 사람이 업무를 잘 하기 위해서는 여러 가지 일을 동시에 할 수 있어야 한다고 생각하는 사람과, 여러 가지 일을 동시에 하면 하나도 제대로 할 수 없기 때문에 한 가지 일에만 집중하여 처리하고 나머지 일을 다시 하나씩 하나씩 순차적으로 해야 하는 것이 더 효율이라고 생각하는 사람들로 나뉜다. 멀티태스킹식 일하는 방식을 자신의 장점 또는 단점으로 언급하기도 한다.

이 논쟁에 대한 개인적인 해답은 두 개의 적절한 조합이 최선이라는 것이다. 멀티태스킹을 해야 하는 상황이 있는가 하면, 하나의 일에 집중해야 하는 상황도 있다. 어떻게 보면 사람은 항상 멀티태스킹을 하고 있다. 나는 한 집안의 가장이자, 직장의 한 구성원이며, 사회적 네트워킹 속의 한 조직원이다. 하나의 일만 하며 인생을 살아갈 수는 없다. 멀티태스킹과 단일 작업 집중의 정확한 의미는, 여러 과업의 시간과 노력을 상황에 맞게 적절히 조절하는 것을 의미하는 것으로 해석된다. 평소에는 여러 가지 일에 균등하게 시간과 노력을 투입하다가도, 특정 상황이나 시기에는 한두 가지 일에 집중적인 시간과 노력을 할애해야 하는 것이 효율적일 수 있다.

사람의 두뇌 속에는 여러 개의 폴더가 있다. 어느 폴더를 언제 열어 사용할 것인지를 결정하기 위해서는 두뇌의 최상위 지휘구조에 이퀄라이저를 설치해 놓아야 한다. 한 사람이 수행해야 하는 여러 가지 업무 중 어디에 시간과 노력을 많이 할애할 것인지 매일 아침 이퀄라이저를 통해 조절해야 한다. 예를 들어, 평범한 날에는 가족, 직장, 개인 취미에 균등하게 시간을 배분하다가도 중요한 업무상 프로젝트가 있을 때는 직장 업무에 더 많은 시간을 투자하는 식이다. 이렇게 함으로써 우리는 멀티태스킹과 단일 과업 집중의 균형을 맞출 수 있다. 동시에 두뇌의 한계를 극복하면서도 효과적으로 일과 삶을 관리할 수 있다. 인간의 제한적인 능력은 두뇌속의 이퀄라이저의 적절한 활용을 통해 AI 대비 부족한 능력을 보완할 수 있다.

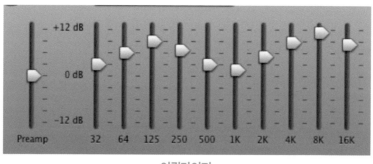

이퀄라이저

13. 절절포!(Never Never Give up!)

"절대로 절대로 포기하지 않는다!"

"나 자신과 주변 전우 모두를 포기하지 마십시오."

외부 강사님의 교육이 있었다. 강사님은 예비역 소장으로, 2012년부터 절절포 운동을 꾸준히 전개해 오신 분이다. 그분은 머플러와 키링 액세서리, 심지어 손목시계에도 '절절포' 문구를 새겨 참가자들에게 나누어 주시는 열정을 갖고 계셨다. 강의 내용의 대부분은 '절대로 절대로 포기하지 말라'는 것이었다. 나와 주변 동료, 그리고 내가 하고자 했던 일을 힘든 상황에서도 포기하지 말라는 것이다. 내용이 심오하거나 어렵지는 않았다. 시종일관 머릿속에 남는 반복된 메시지는 '포기하지 말라는 것'이다.

지난 40여 년간의 인생을 돌아본다. 하고자 했던 것, 하고 싶었던 것이 많이 있었다. 지금도 하고 싶은 것들이 있다. 아름다운 포장의 표현을 빌리자면 이게 바로 꿈인데, 그 꿈을 생각하면 가슴이 설렌다. 하고 싶은 것, 이루고 싶은 것이 얼마나 많은가. 나이가 들면서 내가 하고 싶은 것, 이루고 싶은 것은 점점 줄어들었다. 엄밀히 말하자면 줄어든 것이 아니라 시도하지 않게 된 것이 많아진 것이고, 이는 달리 표현하자면 포기한 것이 많아진 것이다. '내가 어떻게 그걸 해? 해도 안 돼. 불필요한 노력이야. 노력의 낭

비야.' 이러한 적당한 타협적인 마인드로 많은 것을 포기하지 않았던가. 스스로 포기의 당위성을 억지로라도 만들어 가면서 나의 꿈은 '실현 가능성'이라는 현실적인 지우개를 통해 조금씩 줄어들었고, 이제 나의 의지에 상관없이 나의 꿈은 점차 작아지고 있다. 혹자는 그것을 철이 들어가는 것, 정신 차린 것이라는 표현으로 말하기도 한다. 나이가 든다는 것은 바닷가 모래사장에 쌓아놓은 공든 탑의 깃발 부분(실리)만 간신히 남겨놓고 조금씩 그 주변을 무너뜨리는 것과 같다.

강사님은 '말하는 대로 이루어진다.'라는 말을 여러 번 강조하셨다. 노래 가사에도 있듯이 말하는 대로 이루어진다는 표현은 많이 들어본 것 같다. 그런데 우리는 나의 내면에 있는 꿈을 잘 말하지 않는다. 쑥스럽기도 하고, 말할 기회도 흔치 않다. 절대로 포기하지 않는다는 것은 나 혼자와의 약속이다. 그래서 지키기가 쉽지 않다. 이러한 노력을 다 같이 한다면 그 약속은 생명력을 가질 수 있다. 그래서 어떤 집단은 '절절포!'와 같은 구호를 만들어 항시 기회가 있을 때마다 외치게 한다. 혼자는 할 수 없지만, 같이 하면 할 수 있고, 단체의 모든 구성원이 같이 한다면 이상하지도 않다. 포기하지 않겠다는 공통된 노력이 자연스럽게 느껴지고, '절절포'라는 구호를 들을 때마다 '그래, 포기하지 말랬지.'라는 다짐을 다시 하게 되는 것이다. 말끝마다 욕을 하거나 불만을 나타내는 사람과, 말끝마다 절절포를 외치는 사람의 수십 년 후 인생은 어떻게 달라져 있을까? 굳이 추적해 보지 않아도 우리는 그 결과를 충분히 예측할 수 있다.

AI, 로봇은 명령을 내리면 포기하는 일이 거의 없다. 어떤 식으로든 답을 내놓는다. 그 답이 비록 충분하지 않더라도 끝까지 답을 찾아 결과물을 만들어 놓는다. 인간은 그렇지 못하다. 답을 찾다가 중간에 포기하는 사람이 많다. 학생들 사이에서 '수포자'라는 말이 많이 떠도는데, 우리는 포기라는 단어에 익숙해진 것 같다. '포기는 배추를 셀 때나 쓰는 말입니다.'라는 다소 유치하게 들릴 수 있는 표현도 있지만, 실제로 포기처럼 좋지 않은 단어도 없다. 포기, 중도 포기, 완전 포기….

　100세 인생에서, 50세까지는 꿈을 키우고 그 꿈을 달성하기 위해 노력하며, 50세부터는 꿈을 줄이는 나이로 보는 것이 일반적이다. 만약 어떤 사람이 100세까지 꿈의 크기를 줄이지 않고 꿈의 성취를 위해 노력한다면 그보다 멋진 인생은 없을 것이다. 그런데 중요한 것은 아무도 어떤 사람에게 꿈의 크기를 줄이라고 강요하지 않는다는 것이다. 꿈의 크기를 줄이는 것은 본인 자신이다. 나만 포기하지 않으면, 그 꿈은 이루어질 수 있다. 절절포!

제 3 장

AI 활용

: AI 정복이 필요하다

"명심하라, 지금 일어나는 혁신은
인공지능이 이룰 성취의 첫걸음에 불과하다.
AI는 우리가 미처 알아차리기도 전에 오늘날
문제가 되는 모든 한계를 돌파해버릴 것이다."

빌 게이츠 | 마이크로소프트 설립자

SELF-CHANGE
AI GUIDE

1. 첨단과학기술 vs. AI

AI라는 용어가 일상화 되어 있다. 좀 과장해서 말하면 뭐 좀 편리하다 싶으면 AI라는 용어를 죄다 붙여 쓰고 있다. 가끔은 AI라는 용어를 붙이는 것이 맞나 싶을 때도 있다. 동시에 AI란 과연 뭘까라는 생각이 들기도 한다. 어쨌든 분명한 것은 지금은 AI 시대다. AI 시대가 도래하면서 동시에 '첨단과학기술'이라는 용어의 사용은 현저히 줄어들었다. 첨단과학기술이 곧 AI는 아닐 것인데 마치 대체된 듯한 느낌이다. 부가티, 롤스로이스, 맥라렌, 람보르기니와 같은 최고급 차들이 새로운 버전으로 출시되었다고 해서 AI라는 단어를 붙이지 않는다. 이는 AI가 아니라 첨단과학기술이 적용되었다고 할 수 있다. 첨단과학기술은 과학기술의 양적, 질적 성장이라 할 수 있다. 기존에 없었던 것을 새로이 만드는 것이라 할 수 있다. 세상에 없었던 것을 과학기술의 발전에 의거 새롭게 창조하여 만들어 내는 것, 이것이 첨단과학기술이다. 반면에 'AI'는 사람이 기존에 만들었었던 제품 중에 사람에게 좀 더 편리하게 사용할 수 있도록 사람의 행동과 사고방식과 유사하게 만든 것이다. 'AI골프채'는 없던 골프채를 새로 만든 것이 아니라, 사람들이 원하는, 이를테면 쉽게 장타가 가능하고 훅이나, 슬라이스가 나지 않는 사람들이 원하는 대로 좀 이렇게 되었으면 좋겠다는 것을 구현한다. 넓은 의미에서 보면 AI는 첨단 과학기술의 한 범주이다. 그런데 요즈음에는

AI에 관심이 많다보니 첨단 과학기술보다 AI라는 용어의 빈출 정도가 훨씬 높게 나타난다. 구태여 첨단과학기술과 AI를 정확히 구분해서 사용하자고 말하고 싶지는 않다. 다만 AI라는 것이 과연 무엇이고, 어떻게 하면 더욱 AI에 초점을 맞추어 발전을 시킬 것인가 하는 고민을 하다보면 AI에 대한 용어를 명확히 사용할 필요가 있다고 생각된다.

자동차는 과거 화석연료에 의해서만 움직였다. 지금은 전기차가 널리 보급되고 있다. 전기차라는 세상에 없던 새로운 유형의 자동차가 나온 것은 첨단 과학기술의 발전에 의한 것이라고 할 수 있겠다. 그런데 동시에 사람들은 좀 더 편하고 쉽게 운전을 하고 싶은 오랜 욕망을 실현하고 싶어 했다. 어떻게 하면 운전자 대신 운전을 자동적으로 할 수 있겠는가를 고민했다. 그래서 자율주행자동차가 나오게 되었다. 자율주행자동차는 인간이 좀 더 쉽고 편리하게 그리고 누군가 인간을 대신해 운전을 해주는 객체가 있었으면 좋겠다는 사람들의 바램을 현실화한 것이다. AI가 적용된 것이다.

같은 맥락에서 달에 착륙하는 우주선, 하늘을 나는 UAM, 살을 빼주는 약 이런 것들은 모두 첨단과학기술이다. 보고서를 요약해주는 챗GPT, 말을 하면 자동으로 외국어로 번역이 되어 전달되는 스마트폰, 전방의 사물을 인식하여 경로를 스스로 조절하는 자동로봇청소기는 AI다. 첨단과학기술과 AI는 이와 같이 유사한 것 같으면서도 그 본질을 찾아들면 엄연히 다르다.

AI와 첨단과학기술을 통합적으로 이해하고 활용하는 것이 중요하다. AI는 첨단과학기술의 한 부분으로, 두 기술이 결합될 때 더 큰 혁신과 발전을 가져올 수 있다. 예를 들어, 스마트 시티 프로젝트에서 AI와 IoT(사물인터넷) 기술이 결합되어 교통 관리, 에너지 절약, 시민 안전 등 다양한 분야에서 혁신적인 솔루션을 제공할 수 있다. 앞으로의 기술 발전은 이러한 첨단과학기술과 AI의 통합적 접근을 통해 더욱 가속화될 것이다.

2. 엘론 머스크에게 정책제안서 발송

'모델 3'를 타다

테슬라 '모델 3'는 자율주행 기술의 선두주자로, 자율주행과 전기 차 기술 분야에서 많은 혁신을 이루어냈다. 6년 전 집필한 『마흔 살, 불혹전략』소제목 「자율주행자 동차에 몸을 맡길 준비」에서 '혼다 어코드 10세대'를 언급하며 자율주행 차의 미래를 논했던 적이 있다. 차종에서 변화가 있었지만 지금 테슬라 '모델 3'를 통해 자율주행 차의 발전을 경험하고 있다. 책에서 언급한 것처럼 자율주행 차에 몸을 맡길 준비는 되었지만, 아직 몸을 완전히 맡길 수는 없다.

테슬라의 자율주행 기술은 꾸준히 발전 중이다. 현재 레벨 3 단계에 머물러 있지만, 지속적인 소프트웨어 업데이트를 통해 기능이 향상되고 있다. 최종 목표인 레벨 5의 자율주행까지는 아직 갈 길이 남았지만, 많은 부분에서 기술적 완성도를 보여주고 있다. 다만, 완전한 상용화를 위해서는 해결해야 할 문제가 남아 있다.

많은 사람이 자율주행 차의 사고에 대해 민감하게 반응한다. 일반 차량에 비해 사고율이 낮지만, 자율주행 차의 사고는 큰 주목을 받는다. 이는 사람들이 자율주행 차는 사고가 나면 안 된다는 기대 때문이다. 실제로 자율주행차가 널리 보급되게 되면 전체적인 교통사고율은 지금보다 훨씬 낮아질 것으로 기대된다.

테슬라의 자율주행 시스템은 차량 주위의 공간을 입체적으로 인식하는 기술을 핵심으로 하고 있다. 이는 단순히 앞뒤 간격을 조절하고 일정속도를 유지하는 수준을 넘어서, 자율주행차량 주변의 차량, 보행자, 사물을 라이다를 통해 인식하여 운행을 제어한다. 이러한 입체적 상황 인식이 테슬라 자율주행 기술의 큰 핵심이다.

테슬라는 자율주행 자동차를 추구함과 동시에 모든 차량이 전기 차로 생산되고 있으며, 이는 자율주행 기술과의 시너지를 더욱 강화한다. 전기 차는 가속력과 연료비 절감 등 여러 장점이 있지만, 충전 인프라의 부족과 긴 충전 시간은 단점으로 지적된다. 주요 도시와 숙소 주변에는 충분한 충전 인프라가 마련되어 있어 큰 불편은 없다. 또한 최근 들어 불거진 청라지역의 전기 차 화재 사고로 인하여 완충된 차량의 화재 가능성에 대해서도 일부 문제가 제기되고 있다.

현재 여전히 많은 자동차 제조사가 전기 차와 자율주행 차 시장에 뛰어들고 있다. 테슬라 외에도 중국의 BYD와 같은 업체도 기술적으로 많은 발전을 하고 있다. 전기 차의 보급과 자율주행 기술의 발전은 계속해서 빠르게 이루어지고 있으며, 향후 몇 년 안에 더 많은 혁신이 기대되고 있다.

특허, '자율주행 차량의 핸들 전환 시스템'

수년 전부터 자율주행 자동차의 시대가 올 것이라고 예상했기에 자율주행 차의 기술에 많은 관심을 갖고 있었다. 자율주행의 시대가 도래하면 사람들의 운전 패턴과 차 내부에서의 행동 패턴이 어떻게 변할지에 대해 상상하고 고민했었다.

우선, 부분적 자율주행 시기가 올 것이라고 예측했다. 차량이 스스로 운전할 수는 있지만, 여전히 사람이 차량 운전을 제어하고 감독할 필요가 있는 상황이다. 예를 들어, 운전석과 보조석에 각각 사람이 탑승할 경우, 자율주행 기능 덕분에 핸들을 조작하는 빈도는 현저히 줄어들 것이다. 따라서 운전석과 조수석의 탑승자는 교대로 운전 책임만 맡으면 될 것이라 판단했다. 이들 각자는 자율주행에 따른 차 내부에서의 행동은 자유롭되, 우발상황 발생 시에 운전대를 잡고 차량을 조정하는 역할 책임은 수행해야 하는 것이다.

이러한 상황에서 기존처럼 휴게소나 갓길에 차량을 세우고 주, 보조석 탑승자의 자리를 교대하는 것은 불편할 것으로 보았다. 직접 운전이 아닌, 우발 상황에 대한 대처 등 운전에 대한 최종 책임을 역할만 하면 되는 상황에서는 주, 보조석의 운전 최종 책임자 역할은 수시로 교대 될 수 있기 때문이다. 따라서, 탑승자는 그대로 앉아 있는 상태에서 운전대를 좌우로 움직일 수 있게 하여 수시로 주 운전자를 교대할 수 있는 방법을 고안했다. 이에 대한 구체적인 구상과 세부 기술 고안을 시작하게 되었다.

특허 사무소의 도움을 일부 받아 '자율주행 차의 핸들 좌우 전환 시스템'에 대한 특허를 출현하게 되었다. 이 시스템은 차량내부에 설치된 핸들을 물리적으로 주, 보조석으로 이동하게 하는 것이 아니라, 보조석에 추가적으로 보조 핸들을 장착하여(차량 내부에 장착되어 있다가 필요시 외부로 노출) 주, 보조 운전자를 교대하는 방식이다. 주 운전자가 핸들을 놓고 보조 운전자가 핸들을 잡으면, 손의 악력을 인식하여 자동으로 주 조정권이 전환되는 것이다. 아직 이 기술은 상용화되지 않았지만, 자율주행 차가 더 널리 보급되는 단계에 이르면, 이 기술이 도입될 수도 있을 것이라 판단하고 있다.

등록특허 10-2035341

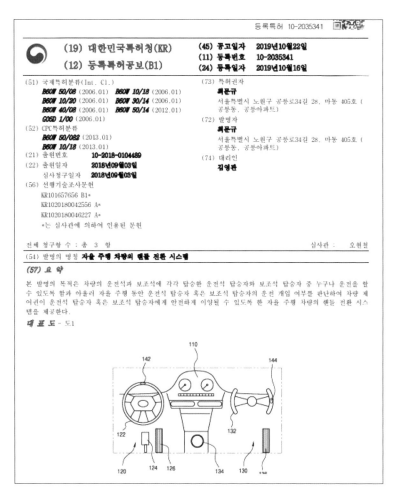

(19) 대한민국특허청(KR)	(45) 공고일자	2019년10월22일
(12) 등록특허공보(B1)	(11) 등록번호	10-2035341
	(24) 등록일자	2019년10월16일

(51) 국제특허분류(Int. Cl.)
  B60W 50/08 (2006.01) B60W 10/18 (2006.01)
  B60W 10/20 (2006.01) B60W 30/14 (2006.01)
  B60W 40/08 (2006.01) B60W 50/14 (2012.01)
  G05D 1/00 (2006.01)
(52) CPC특허분류
  B60W 50/082 (2013.01)
  B60W 10/18 (2013.01)
(21) 출원번호   10-2018-0104489
(22) 출원일자   2018년09월03일
  심사청구일자 2018년09월03일
(56) 선행기술조사문헌
  KR101657656 B1*
  KR1020180042556 A*
  KR1020180046227 A*
  *는 심사관에 의하여 인용된 문헌

(73) 특허권자
  최판규
  서울특별시 노원구 공릉로34길 28, 마동 405호 (
  공릉동, 공릉아파트)
(72) 발명자
  최판규
  서울특별시 노원구 공릉로34길 28, 마동 405호 (
  공릉동, 공릉아파트)
(74) 대리인
  김영관

전체 청구항 수 : 총 3 항   심사관 :   오현철

(54) 발명의 명칭 **자율 주행 차량의 핸들 전환 시스템**

(57) 요 약

본 발명의 목적은 차량의 운전석과 보조석에 각각 탑승한 운전석 탑승자와 보조석 탑승자 중 누구나 운전을 할
수 있도록 함과 아울러 자율 주행 동안 운전석 탑승자 혹은 보조석 탑승자의 운전 개입 여부를 판단하여 차량 제
어권이 운전석 탑승자 혹은 보조석 탑승자에게 안전하게 이양될 수 있도록 한 자율 주행 차량의 핸들 전환 시스
템을 제공한다.

대 표 도 - 도1

저자의 특허, "자율 주행 차량의 핸들 전환 시스템"

테슬라에 3C+1D 정책 제안

오늘날의 자율주행 기술(1/6)	오늘날의 자율주행 기술(2/6)
개요 ·과학기술정책학과 박사과정 최용규 ○ 자율주행은 자동차관련 산업의 오랜 열망, 지속적인 연구와 개발 중 ○ '좀 더 편하게', '좀 더 쉽게', '좀 더 안전하게' 운전 목표로 기술 개발 ○ 그러나, 많은 경우의 수, 안전, 윤리문제 등으로 인하여 발전과 기술 답보 거듭(회의적 시각 존재) ○ 최근의 AI기술(빅데이터, 추론 기술)로 답보상태였던 자율주행 기술에 진일보된 발전 ○ 특히, 테슬라는 운행정보 수집 등의 기술로 현저한 성과 달성 • 사람에 의한 운전 능력을 초과한 수준 ○ 머지않을 보편, 발전시킨다면 완전자율주행 달성 기대 ※ 테슬라 주가: 149$(145 vs 2,0005?)	**반자율주행이 가져온 것들** 예상되던 것 ○ 운전자의 운전 편의(신경을 써야할 부분 감소, 이에 따른 피로도 감소) ○ 운전자의 멀티 태스킹 가능(넷플릭스 시청 가능, PC 작업, 온라인 네트워킹 등) → 실시간 모빌리 운전이 가능함, 짧은 시간 휴식의 정지 감성, 간단한 휴식, 담소 가능 정도 예상하지 못했던 것 ○ 운전자 피로도 감소에 따른 1일 생활 반경 증가(출근 반경 멀어질 것) ○ 안전 운행 가능(졸음운전, 집중력 저하 등에 따른 차선 이탈, 앞차 충격 가능성 저하) • 특히, 정체구간 및 악천후의 운전상황에서도 안전운전 가능 ○ 고급차에 대한 인식의 변화(벤츠, BMW → 자율주행의 수준이 높은 차) ○ 예상보다 많은 전력 소요(자율주행 모드는 평시보다 많은 전력 소요 요구) ○ 나와는 다른 운전 패턴, 우발상황 발생시 어떻게 대처할 것인지에 대한 예측 제한
오늘날의 자율주행 기술(5/6)	오늘날의 자율주행 기술(6/6)
보완 / 발전 소요(3C+1D) ❶ *Customizing(사용자 개인화)* 운전자가 타인의 차량에 동승한들, 내가 운전하는 차만큼 편하지 못하거나, 안전치 못하다고 생각하는 이유는 나와는 다른 운전 패턴을 쓰고 있기 때문(안전이에 속도, 끼어들기 패턴 등) → 자율주행 차량에도 나의 운전 패턴을 입력하도록 하여 친숙하게 됨 필요 ❷ *Contingency Plan(우발상황에 대한 대처)* 운전자가 수많은 경우의 하나를 예기치 못한 상황에 발생했을 시, 자율주행 차량이 나에게는 비합리적인 운전자시는 현재로서는 우발 상황이 발생했을 시 차나 대처하는 방법에 대한 알고리즘이 없다시피 함 현재 SNS를 통해 차량의 우발상황을 기록하여 사용자가 많을 통해 지식을 얻을 수 있으나 운전자에게 시작이 되기까지는 많은 시간이 과정이 필요함 ※ (예) 앞차에서 갑작기 차가 이어들 경우, 앞차가 갑자기 멈춰질 급수 사람이 차량으로 뛰어들 경우, 앞차와의 충돌 vs 뛰어든 사람 중의 선택해야 하는 상황 등	**보완 / 발전 소요(3C+1D)** ❸ *Caution(주의)* 현재 자율주행 차량(테슬라)은 전방주시에 대항할 경우 한동을 손으로 잡고 있지 않을 경우 차량 차체 기울어서 카메라, 핸들 감지 센서 등을 통해 운전자에게 경고를 보내고 있으며, 차량이 운전자에게 위험을 감지할 경우 운전자에게 '주의'라는 보내고 있다. 이러한 형태의 반도한 경우가 지율주행을 방해하게도 하고 있으며, 그러나 이러한 안전을 위한 조치들은 자율주행의 질을 떨어뜨릴 수 있는 면, 안전과 자율주행 사이에서 조화를 바라라는 일반인의 공식적인 시선 ❹ *Distance(주행 가능 거리)* 전기 자율주행차(테슬라)의 경우 게기판에 표시되는 남은 전기량(km/%)은 실제 추가로 운행 가능한 거리와는 차이가 많이 보인다. 이는 전기차의 경우 에너지를 공급하는 배터리가 사람을 차체를 통해서 온도(차이)가 영향을 받기 때문에, 에너지 양도 자율주행(일운전)의 에너지로 사용되기 때문에 따라서, 운행에 쓰이는 남은 에너지와 예어진 차를 주행에 쓰이는 남은 에너지를 별도로 구분해서 표기하는 방법, 배터리를 2회화하는 일반적인 방법 등이 적용 필요

대학원에서 자율주행 발전방안에 대하여 발표한 내용

테슬라를 3년째 타고 있는데 만족도는 비교적 높다. 특히 테슬라의 스마트한 기능, 이를테면 핸드폰처럼 차의 인포테인먼트 기능이 새로운 버전을 다운받을 시 업그레이드가 가능하다. 내 차의 자율주행 기능은 최신 버전의 FSD(Full Self Driving)을 탑재하지는 않았지만(첫 번째 이유는 아직 FSD에 대한 완전한 신뢰감을 갖고 있지 못해서, 두 번째는 990만 원이라는 높은 가격), 유튜브를 통해서 최신버전의 성능까지 눈여겨보았다. 테슬라는 올해 2024년 10월 10일 로보택시를 세상에 내놓을 계획이다.(이 책이 발간될 때 즈음에는 이미 세상에 발표되었을 것) 보다 진보한 자율기능이 탑재될 것으로 보인다. 나는 엘론 머스크에게 테슬라의 자율주행 기능을 좀 더 발전시킬 제안을 해보고 싶었다. 이는 나의 자율주행에 대한 관심과 실제로 테슬라 차량을 3년여간 직접 운전해봤던 경험 등이 아울러 좀 더 완전한 자율주행으로 가기 위한 아이디어적인 성격이었다. 제안한 정책에는 '3C+1D'라는 이름을 붙였다. 3C는 Customizing(운전자 개인별 맞춤형), Contingency Plan(우발 상황에 대한 대처), Caution(주의를 기울여야 하는 정도)의 약자이고, 1D는 Distance(주행거리)의 약자이다.

잠시 소개하자면, 좀 더 완전한 자율주행차가 되기 위해서는 첫째, 자율주행 차량을 출시할 때 일괄적인 자율주행 모드가 아닌 운전자 개인의 운전 성향(그동안 운전자 개인별 익숙해져 있는 운전 패턴)을 반영할 수 있도록 조정 기능이 탑재되어야 한다(Customizing). 둘째, 우발 상황 발생 시 차량의 대처방식에 대한 운전자에 대한 사전 공지이다. 이를 통해 운전자는 옆 차선에서 차량이 긴급하게 끼어들때의 대처 등에 대하여 미리 알고 예상을 할 수 있다(Contingency Plan). 셋째는 차량 운전자에게 주의를 주는 기능이다. 현재 모델 3는 자율주행 운전이 진행되는 가운데에도 지속적으로 운전자에게 일정시간마다 차량 핸들 잡기, 전방주시를 요구하고 있다.(차량의 운전자에 대한 이러한 주의 요구 시 운전자가 순응하지 않을 경우, 경고를 주며 경고가 몇 회 반복 시에는 자율주행 기능 제한) 하지만 이러한 통제는 자율주행이 추구하는 궁극적인 자율성과는 다소 동떨어지게 됨으로 자율주행과 안전이라는 두 개의 목표 사이에서 적합한 접점을 찾기 위한 노력이 필요하다(Caution). 마지막으로 거리 관련 문제는 계기판에 표시되어 있는 주행가능거리가 실제 주행가능 거리와 상이하므로 이에 대한 개선책이 필요하다는 내용이다. 남은 거리가 350km라고 계기판에 표시되어 있어도 실제 주행 가능 거리는 350km가 되지 못한다. 왜냐하면 배터리의 전기는 차량의 동력에만 사용되는 것이 아니라, 에어컨, 온열시트 등에도 사용되기 때문이다. 따라서 계기판에 350km가 표시되어 있다고 해서 실제 350km를 주행 후 충전하겠다고 생각하면 오산이다(Distance).

엘론 머스크에게 보낸 메일

엘론 머스크에게 보낸 메일

엘론 머스크에게

To Dear, Elon Musk

1. 개인적으로 존경하는 엘론 머스크에게 이렇게 메일을 쓰게 되어 영광입니다. 이 메일을 쓰는 시도조차가 저의 인생에 있어서는 획기적인 일입니다. 만약 이 메일을 통해 당신과 내가 연결된다면 그것은 복권 1등이 당첨되는 것 이상으로 놀라운 일이 아닐까 싶습니다.

1. It is an honor to be writing this email to someone I personally respect so much. The mere attempt to write this email is a groundbreaking event in my life.

If this email connects us, it would be more astonishing than winning the first prize in a lottery.

2. 저는 한국에 있는 아주대학교 대학원에서 과학기술정책학 박사과정에 있습니다. 학교에서 현존하는 그리고 미래에 다가올 과학기술을 살펴보고 이에 대한 예측과 분석을 하는 것은 정말 흥미로운 일입니다. 그러한 흥미로운 세계에서 당신을 빼놓을 수 있겠습니까. 특히 저의 학습과제 및 발표 과제는 대부분 당신이 하고 있는 일들에 관련된 것입니다. 특히 저는 당신의 자율주행 자동차에 특별히 관심이 많이 있습니다. 저는 꽤 오랫동안 자율주행에 대하여 관심을 가졌었고, 대한민국 국내 자체의 자율주행 관련 특허 1건을 보유하고 있기도 합니다. 이번에 대학원에서 공부하면서 오늘날의 자율주행에 대하여 발표를 할 기회가 있었습니다. 저는 제가 2년 전에 구입해서 운전하고 있는 테슬라의 '모델 3'를 직접 운전하면서 느낀 점과 더불어, 자율주행 자동차의 발전방안에 대하여 보고서를 작성하였습니다. 교수님께서는 보고서의 목적을 물어보셨고, 저는 최초 이 보고서의 내용은 기회가 되면 엘론 머스크에게 메일을 쓰기 위함이라고 말씀드렸고, 교수님께서는 그렇다면 실제로 메일을 써보라고 하셨습니다. 꿈은 꿈꾸는 자에게 돌아가는 것이고, 인류의 과학기술의 발전의 역사는 그렇게 꿈을 꾸는 사람들에 의해서 발전해 왔다는 말씀도 해주셨습니다.

2. My name is Moonkyu Choi. I am a PhD student in Science and Technology Policy at Ajou University in South Korea. It is truly fascinating to study and analyze current and future science and technology trends. How could anyone exclude you from this exciting world? Most of my study and presentation topics are related to your work. In particular, I am especially interested in your autonomous

driving cars. I have been interested in autonomous driving for quite a long time and I even hold a domestic patent in South Korea related to autonomous driving.

Recently, I had the opportunity to present on contemporary autonomous driving technologies as part of my graduate studies. I wrote a report on the development of autonomous vehicles, including my experiences driving my Tesla Model 3, which I purchased and have been driving for the past two years. When my professor asked about the purpose of the report, I mentioned that it was initially intended to serve as content for an email to you if given the chance. My professor then encouraged me to actually write and send the email, reminding me that dreams belong to those who dream, and that the history of humanity's scientific and technological progress has been driven by dreamers.

3. 여기서는 제가 발표 당시에 보고서로 작성했던 테슬라의 자율주행 기술의 발전방안에 대한 내용을 소개하고자 합니다. 앞서 말씀드린 바와 같이 이는 제가 모델3를 2년간 운전하면서 느껴온 점과 더불어 자율주행의 정책을 발전시키고자 고심해온 저의 생각의 결과물이라 할 수 있습니다. 저는 이 발전방안을 자칭 '3C+1D 정책'이라고 정했습니다.

3. I would like to introduce the content of the report I presented on the development strategies for Tesla's autonomous driving technology. As mentioned earlier, this is a result of my experiences driving the Model 3 for the past two years, combined with my thoughts on how to advance autonomous driving policies. I have named this development strategy the "3C+1D Policy."

4. Customizing: 모델3가 자율주행 모드로 전환했을 때 가장 불편했던 점은 나의 평시 운전 패턴과 다른 점 때문이었습니다. 이를테면, 앞차와의 거리, 회전 길에서의 회전 속도, 비가 왔을 때 와이퍼의 속도 등은 제가 휘발유 차를 운전했을 때, 즉 수동으로 운전했을 때와는 다소 거리가 있었습니다. 특히, 자율주행모드에서 회전 길에서의 높은 차량 속도의 경우는 휘발유 차를 수동으로 운전했을 시 평시 속도의 절반 이하로 감소시켰던 저에게는 상당한 괴리감이 느껴졌고, 사실 이는 저에게 적지 않은 불안 요소로 느껴졌습니다. 따라서 저는 최초에 차량을 구입했을 때, 또는 지금처럼 정기적으로 차량의 기능을 업데이트할 때 인포테인먼트(계기판)에서 저의 운전 패턴을 입력할 수 있는 모드를 추가하는 것을 건의하는 바입니다. 이를테면 평시 앞차와의 거리, 회전 길에서의 속도, 비가 올 때의 와이퍼의 속도 등을 계기판에 원하는 수치로 입력을 할 수 있도록 한다면, 자율주행모드에서도 제가 평시에 휘발유 차량을 운전했을 때와 유사한 패턴으로 운전을 하게 되어 저에게 안전감을 느끼게 해줄 것이며, 자율주행에 대한 신뢰도 역시 제고할 수 있을 것으로 판단합니다.

4. Customizing: The most inconvenient aspect when the Model 3 switched to autonomous mode was the difference from my usual driving patterns. For instance, the distance from the car in front, the turning speed on curved roads, and the speed of the wipers when it rained were somewhat different from when I manually drove a gasoline car. Especially, the high vehicle speed on curved roads in autonomous mode felt quite different for me, as I usually reduced my speed to less than half when driving manually. This disparity caused a significant amount of discomfort and anxiety.

Therefore, I suggest adding a mode in the infotainment system (dashboard) where drivers can input their driving patterns, either when the vehicle is first purchased or during regular updates, like now. For example, allowing drivers to input their preferred following distance, turning speed on curves, and wiper speed in the rain. This would enable the autonomous mode to operate in a manner similar to how I drive a gasoline vehicle, providing a sense of safety and increasing trust in autonomous driving.

5. Contingency Plan: 운전자가 운행을 하다가 예기치 못한 상황에 발생했을 시, 자율주행 차량이 대처하는 방법을 운전자는 현재로서는 알 수가 없습니다.(실제 그러한 상황이 발생했을 때 테슬라가 대처하는 방법을 한번 이상 경험하고 나서야 알 수 있음.)

물론, SNS 등을 통하여 우발상황을 기 경험한 사람들의 사용 후기를 통해 지식을 얻을 수 있으나, 운전자에게 사전에 대처하는 방법(패턴)을 인지시키는 과정이 필요합니다.

예를 들면, 옆 차선에서 갑자기 차가 끼어들 경우, 앞차가 갑자기 멈춰설 경우, 사람이 차 앞으로 뛰어들 경우, 앞차와의 충격 vs 뛰어든 사람 충격을 선택해야 하는 상황 등을 들 수 있습니다.

5. Contingency Plan: Currently, drivers cannot know how an autonomous vehicle will respond when an unexpected situation occurs while driving. It is only after experiencing such a situation that one learns how Tesla handles it. Although knowledge can be gained through the reviews of those who have experienced such incidents via social media, it is essential to have a process that informs drivers about the response patterns in advance.

For example, in scenarios such as a car suddenly merging from an adjacent lane, the vehicle in front suddenly stopping, a person running into the road, or choosing between a collision with the car in front and a person who jumped in front, drivers should be aware of how the autonomous system will react.

6. Caution: 현재 자율주행차량(테슬라)은 전방주시에 태만할 경우, 핸들을 손으로 잡고 있지 않을 경우 차량 자체 기술(내부 카메라, 핸들 감지 센서 등)을 통해 운전자에게 경고를 보내고 있으며, 운전자가 차량이 요구하는 행위에 부합하지 않은 행동을 지속할 경우 운전자에게 '주의' 신호를 보내고, 이러한 행동이 반복될 경우 자율주행을 해제하도록 하고 있습니다.

그러나 이러한 안전을 위한 조치들은 자율주행의 의미를 퇴색시킬 수 있는 바, 안전과 자율주행 사이에서 접점을 찾아 나가야 한다고 생각합니다.

6. Caution: Currently, autonomous vehicles (such as Tesla) send warnings to the driver through the vehicle's own technology (internal cameras, steering wheel sensors, etc.) if the driver is inattentive or not holding the steering wheel. If the driver continues to not comply with the vehicle's demands, a 'caution' signal is sent, and if this behavior is repeated, the autonomous driving mode is disengaged.

However, these safety measures can undermine the meaning of autonomous driving. Therefore, I believe we need to find a balance between safety and the autonomy of the vehicle.

7. Distance Guidance: 전기 자율주행 차량의 경우 계기판에 표시되는 남은 전

기량(km/%)은 실제 추가로 운행 가능한 거리와는 적지 않은 오차가 발생합니다. 이는 전기 차의 경우 에너지를 공급하는 배터리가 차량을 주행하게 하는 운동에너지뿐만 아니라, 에어컨 및 자율주행에 필요한 에너지로도 사용되기 때문이라고 판단합니다. 따라서, 운행(동력 에너지)에 쓰이는 잔여 에너지의 양과 에어컨, 자율주행 등에 쓰이는 잔여 에너지를 별도로 구분해서 표기하는 방법이 필요합니다. 배터리를 물리적으로 2원화하는 방법을 적용할 수도 있겠습니다.

7. Distance Guidance: For electric autonomous vehicles, the remaining battery level displayed on the dashboard (km/%) often differs significantly from the actual additional drivable distance. This discrepancy occurs because the battery in an electric vehicle supplies energy not only for driving but also for the air conditioning and autonomous driving systems. Therefore, it is necessary to display the remaining energy separately for driving, air conditioning, and autonomous driving. Additionally, a dual-battery system could be implemented to address this issue.

8. 저는 당신의 사람들이 꿈꾸는 완전 자율주행 자동차를 위한 끊임없는 도전을 응원합니다. 아무도 가보지 않은 길을 걷고 있기에 다소 시행착오도 있기 마련입니다. 그 시행착오도 위대한 완성을 위한 하나의 경로라는 것은 너무나도 당연한 얘기입니다.

8. I support your relentless pursuit of the fully autonomous vehicle that people dream of. Since you are treading a path that no one has taken before, there are bound to be some trial and error. It is evident that these trials and errors are

merely steps towards a greater achievement.

9. 만약 당신이 한국의 아주대학교에 찾아와서 나와 같이 학업을 하고 있는 교수님 및 학생들과 미래의 자율자동차에 대해서 얼굴을 맞대고 토의할 수 있는 시간이 있었으면 좋겠습니다. 물론 우리의 기술은 당신의 능력에 비해 미비하지만, 미래를 위한 도전과 꿈을 이루고자 하는 열정만큼은 당신과 테슬라에 결코 뒤처지지 않는다고 생각합니다. 당신을 한국에서 볼 날을 꿈꿔 봅니다. 감사합니다.

9. I would be delighted if you could visit Ajou University in Korea to discuss the future of autonomous vehicles with myself, my professors, and fellow students. While our technology may not be on par with your capabilities, our passion for challenges and dreams for the future are certainly not behind those of you and Tesla. I dream of the day I can see you at Ajou University in Korea. Thank you.

"3C+1D" 정책제안서 메일에 대한 확인을 재요청

엘론 머스크의 로봇택시

엘론 머스크의 로봇택시 발표 연기 소식은 많은 사람들에게 충격을 주었다. 테슬라는 로봇택시 발표를 2024년 8월 8일에서 10월 10일로 연기했으며, 이로 인해 테슬라 주가는 하룻밤 만에 7.4% 급락했다. 이는 테슬라 로봇택시에 대한 기대가 그만큼 컸음을 반영한다. 테슬라의 자율주행 기술은 운행 데이터를 끊임없이 축적하고 3차원 분석을 통해 운전을 더욱 효율적이고 안전하게 만드는 차별화된 특징을 가지고 있다. 로봇택시의 발표가 두 달 정도 순연되었지만 테슬라 마니아들은 크게 실망하지 않는다. AI, 로봇, 에너지를 망라한 자체적이고 독보적인 '테슬라 생태계'를 가지고 있는 테슬라에 있어서 로봇택시는 단지 순연일 뿐 반드시 시행될 하나의 프로젝트라는 확신이 있기 때문이다.[4]

로봇택시 도입의 기대와 장점

1. 탑승객의 안전성 보장

로봇택시는 특히 여성이나 미성년자가 심야에 혼자 택시를 이용할 때 안심할 수 있는 환경을 제공한다. 정부와 택시 업체에서 도입한 안심택시 제도와 달리, 로봇택시는 기술적으로 이러한 안전성을 더욱 강화할 수 있다.

2. 탑승객의 요구 반영

기존 택시에서는 탑승객이 경로를 택시 운전자에게 위임해야 했지만, 로봇택시에서는 실시간으로 경로 변경 등을 요구할 수 있다. 탑승객은 로봇과의 대화를 통해 더 많은 정보를 얻고, 원하는 경로로 이동할 수 있다.

3. 이동 상황 실시간 모니터링

로봇택시의 이동 상황을 제3자가 실시간으로 모니터링할 수 있어 편의성이 증대된다. 테슬라 자동차는 이미 위치 추적 모드를 통해 차량 위치와 도착 예상 시간을 실시간으로 확인할 수 있다. 이는 로봇택시 도입 시 더욱 강화될 것이다.

로봇택시 도입의 문제점
1. 승객의 정보 보호

로봇택시에서는 탑승객과 로봇 간의 대화 내용이 시스템 운용자에 의해 확인될 가능성이 있다. 이는 승객의 개인 정보 보호 문제가 될 수 있으며, 이를 해결하기 위한 방침이 필요하다.

2. 노약자 보호 대책

스마트폰 사용에 익숙하지 않은 노인들이 로봇택시를 이용하는 데 어려움을 겪을 수 있다. 이를 해결하기 위해 사용자 친화적인 인터페이스와 지원 시스템이 필요하다.

미래 전망

엘론 머스크의 로봇택시 발표는 큰 센세이션을 일으킬 것으로 예상된다. 기술 발표의 연기와 이에 따른 불신에도 불구하고, 로봇택시가 성공적으로 도입된다면 택시 산업뿐만 아니라 일반 승용차에도 완전 자율주행 기술이 적용될 가능성이 크다. 이는 우리의 일상생활에 큰 변화를 가져올 것이다.

로봇택시 도입은 많은 기대와 함께 몇 가지 해결해야 할 문제점을 동반하고 있다. 승객의 안전성과 편의성을 높이는 동시에, 정보 보호와 노약자 보호 등 중요한 문제를 해결해 나가야 할 것이다. 엘론 머스크의 로봇택시 발표가 가져올 변화를 주목하며, 기술 발전이 우리의 삶에 미칠 긍정적인 영향을 기대한다.

3. 이제부터는 UAM을 타고 하늘로 이동

지금 세종시는

2012년으로 기억한다. 대전에서 공부를 했던 때였다. 주중에 학교에서 공부하고 주말 서울에 있는 집을 가는 패턴이었다. 다른 학생들은 주말에 서둘러 집을 향했다. 하지만 내가 거의 매주 주말 행선지로 택한 곳은 세종시다. 당시에는 세종시가 처음 역사적인 발을 내딛는 순간이었다. 현장에는 크레인이 수십 대가 있었다. 세종시의 크기는 언뜻 짐작이 되지 않을 만큼 광활했다. 국가의 행정수도를 이곳으로 옮긴다는 국가적 시책이 시행되는 역사적인 순간을 현장에서 눈으로 확인하였다. 2024년 지금, 일 년에 한두 번씩 세종시에 들른다. 관습헌법이니 뭐다 해서 행정수도 이전 상황은 녹록지 않다. 하지만 국회가 세종시로 옮긴다는 것은 기정사실이 되었다. 대통령 집무실 이전도 착착 준비가 되어 가고 있다. 세종시는 나름 훌륭한 계획도시이다. 우후죽순으로 도시를 만든 것이 아니라 처음부터 격자형으로 계획을 하였다. 중앙에는 정부 부처가 자리 잡아 있고, 주변으로 아파트 및 주택이 질서정연하게 자리 잡고 있다. 정주여건 보장 차원에서 호수, 산책로, 도서관, 수목원 등 문화, 여가 시설도 정리가 잘 되어 있다. 세종시 산책로를 걷다보면 매우 쾌적하고 정리가 잘 되어 있다는 느낌을 받는다. 이미 정부 부처의 상당수가 세종시로 이전되었다. 하지만 여전히 세종시 공무원은 세종시 이외의 도시에서 출퇴근 하는 사람이 적지 않다. 한 때 세종시로 출퇴근하는 버스가 운행되었지만 지금은 중단되었다. 세종시 내에 정부부처 외의 직장이 충분하지 않고, 대학 등의 교육시설, 그리고 무 엇보다 문화 및 여가 시설이 충분치 않다는 의견이다. 그래서 세종시 사람 들은 주말이면 대전 또는 서울로 가서 문화 및 여가를 즐기고 다시 돌아온 다. 세종시의 상가는 비교적 높은 임대가격으로 인해 공실이 많다.

세종시 활성화를 위한 UAM 운항경로 및 버티포트 최적화 방안(1/9)

① 세종시로의 행정수도 이전 난항

*과학기술정책학과 박사과정 최문규

○ 정부는 세종시로의 행정수도 이전을 추진(노무현 정부~)

○ 관습법상 세종시로의 행정수도 이전은 위헌 판결 후 추동력 미비

○ 세종시에는 많은 아파트 단지 건설, 인구 30만 돌파 후 50만으로 도약 중

○ 정부는 국회의사당 이전, 대통령 제 2집무실 신설 등을 추진 중

○ 서울(수도권) 등에서 출퇴근 하는 인원 다수, 주말에는 공동화 현상 발생

 * 세종시 정착을 위해 출퇴근 버스 무료 운용을 중단하였으나, 여전히 장거리 출퇴근

※ 정부 주요 기능을 세종시로 이전하였으나, 세종시는 행정수도가 되지 않은 상태에서 많은 사람들이 원거리 출퇴근, 세종시는 베드타운의 기능 수행으로 국가적 손실 발생 중

세종시('24.6.1)

UAM을 통한 세종시 활성화 관련 문제 제기

세종시 스스로 자족도시의 면모를 갖추기에는 아직 충분하지 못하다는 것이다. 세종시의 인구가 40만에 육박하기 때문에 백화점도 필요하다는 의견이다. 말 그대로 세종시에서 먹고 자고 일하고 즐길 수 있는 그런 도시 로 만들어지기를 세종시 사람들은 기대하고 있다. 그렇게 된다면 세종시에 근무지를 두고 있는 공무원들도 세종시에 거주하며 가까이에 있는 근무지 로 출퇴근을 할 것이고, 세종시 정주여건이 개선된다면 세종시는 비약적으

로 발전할 것이며, 행정수도로 다시 재지정될 가능성도 없지 않다고 생각한다. 세종시에 애착이 있다.

길은 늘 막힌다

도로 위에서 운전을 하다 보면 늘 들던 생각이 있다. 왜 차가 막히는 것일까. 왜 비가 오면 차가 더 막히는 것일까. 몇 차선으로 달리면 그래도 조금이라도 빨리 갈 수 있을까. 지금의 T-Map은 가장 빠른 길을 안내해 주지만, 미래에 양자컴퓨터가 제 기능을 한다면, 이제는 단순한 길 안내에 추가하여 몇 차선으로 달리는 것이 가장 빠를 것인가를 안내할 것이다. AI의 발전으로 인해 늘 막혀왔던 길에 대한 분석이 시작되었다. 신호체계를 어떻게 하면 길 위에 차가 덜 막히게 할 것인가에 대한 분석이 가능하게 되었다. 머지않아 러시아워 시간대에 신호등 간격을 자동으로 조절하여 최적의 소통을 보장할 것으로 기대된다. 하지만, 여전히 지금은 차가 늘 막힌다. 서울은 물론이고 서울에서 양양으로 갈 때에도 시간을 잘못 선택하면 차가 많이 막힌다. 안 막히면 2시간에 갈 길을 3시간, 3시간 반에 간다. 안 막히는 시간을 찾아서 갈 수도 있지만 대부분 그 시간은 밤이나 새벽이다. 생체의 리듬에 역행해서 운전을 해야 하는 수고가 있다. 그만큼 피로는 쌓이게 마련이다. 하늘을 쳐다본다. 헬기는 아주 시원하게 날아간다. 적어도 헬기는 막히는 일은 없다. 다소 소음이 있고 때로 시끄럽게 여겨질 뿐이다. 그리고 헬기는 전문 파일럿이 있어야 한다. 그래서 한번 타려면 요금이 매우 비싸다. 과거에 유명 가수가 하루에 행사장을 여러 곳을 다니는데 시간이 없어서 헬기를 타고 다녔다는 일화를 심심치 않게 듣게 된다. 헬기는 그만큼 매우 특별한 일에만 쓰이는 값비싼 교통수단인 것이다. 적어도 지금까지는 일반인은 쉽게 접근하기 어렵다.

UAM의 등장

길은 늘 막히고 헬기는 접근하기 어려운 고가의 교통수단이다. 그렇다면 하늘을 이용하는 좀 더 이용하기 쉽고 안전하며 조용한 비행체를 만들면 어떨까. 헬기의 단점을 보완한 비행체…. 그러니까 조용하고, 어느 곳에서나 이착륙이 쉽게 가능하고, 조종사가 필요 없는 비행체를 만든다면 더할 나위 없이 좋지 않은가. 그래서 만들어진 것이 UAM(Urban Air Mobility)이다. UAM은 헬기 대비 소음이 1/10밖에 되지 않는다. 따라서 도심 어느 곳에서도 비행이 가능하다. 개발 초기에는 조종사가 필요하지만 향후 자율주행기술을 이용한다면 궁극적으로 조종사도 필요 없게 된다. 이착륙을 할 수 있는 평평한 장소(버티포트)를 준비한다면 어느 곳에서나 뜨고 내릴 수 있다. 전 세계적으로 UAM 개발에 열을 올리고 있다. 우리나라도 25년부터 서울 한강과 김포비행장 사이에서 시험비행을 시작하여 수년 내에는 상용화에 이를 것으로 전망하고 있다. 처음에는 서울 한강 등 국한된 지역에서만 운용될 것이다. 차츰 안전성이 확보된다면 서울의 주요 거점을 운행하게 될 것이다. 향후에는 RAM(Regional Air Mobility)로 개발되어 도시와 도시 사이를 운행하게 될 것이다. 대구와 제주 역시 자체적으로 UAM을 운용할 계획을 야심차게 추진 중이다.

버티포트 위치

아버지가 살고 계신 경기도 이천 백사면에는 3번 자동차 전용도로가 있고, 아버지 댁을 가기 위해서는 백사면 IC에서 내리면 된다. IC 좌우측에는 현재 논이 있는데 이 논과 논을 사이에 두고 3번 도로를 가로지르는 구조물을 설치하고 그곳에 UAM이 내릴 수 있는 버티포트를 만들면 어떻게 될까. 우선 UAM 운행 초기에는 버티포트의 위치는 시, 군에서 중앙 집권적으로 정할 가능성이 높다. UAM이 활성화 된다면, 너도나도 자기 집에서 가까운 곳에 버티포트가 있기를 원할 것이다. 아무래도 집에서 버티포트가 가까우면 UAM 이동 시간만 고려하면 되기 때문이다. 버티포트까지 접근시간을 최소화하는 것이 관건이 될 것이다. 그런데 이 버티포트에 대한 통제가 없다면 우리나라에도 수천 개의 버티포트가 만들어질 것이다. 그러면 여기저기서 UAM이 이착륙을 하게 되어 관제가 어렵게 된다. 이에 따라 공중에서 UAM 운용의 통제가 어려워지고 안전성에도 문제가 생기게 된다. 초기에는 중앙부처 차원의 중앙집권적 버티포트가 생길 것이다. 그러나 차츰 버티포트 선정 권한이 분권화 될 것이다. 최종적으로는 적정한 곳에 부지가 있고, 버티포트 구조물을 만들 수 있는 여력이 있는 개인은 버티포트를 개인 기준 유리한 곳에 설치할 것이다. 정부의 승인만 얻으면 운용할 수 있게 되는 것이다. 개인은 버티포트를 조성하여 수익을 얻게 될 수 있다. 버티포트는 이착륙장만 있는 것이 아니라 부수시설이 따르게 된다. 주차장도 필요하고, 차량의 충전소도 필요하다. UAM 도착을 기다리면서 식사를 할 수 있고, 편의점도 필요하다. 버티포트는 단독 시설이 아닌 패키지화된 모델로 발전될 가능성이 높다. 호날두가 개인 전용 비행기로 여행을 가고 있지만, 훗날에는 호날두의 개인 저택에는 버티포트가 설치되어 있을 것이다.

세종시 활성화

2012년, 지금으로부터 12년 전부터 시작된 세종시로의 행정수도 이전

관련 국책사업은 현재 어느 정도 순조롭게 진행되고 있으나, 아직 해결해야 할 과제가 많다. 무엇보다도 세종시에 아파트를 많이 지어 서울시민 등을 이주하게 한다는 가정은 성공했다고 보기 어렵다. 물론 세종시는 오늘도 정주여건 개선을 위한 적지 않은 노력을 기울이고 있다. 여가, 문화, 오락을 위한 시설은 지속적인 인프라가 증진하고 있다. 그런데 세종시를 잘 조성하여 서울 시민들을 끌어당기겠다는 가정은 시작부터 첫 단추를 잘못 채운 느낌을 지울 수 없다. 서울 사람이 서울의 발전된 문화, 여가, 교육의 인프라를 뒤로 하고 세종시로 내려오겠는가? 지금도 서울시민 중에서 세종시에 근무지를 두고 있는 사람 중 적지 않은 수가 몇 시간을 감수하고 세종시로 출퇴근을 하고 있다. 이것이 녹록치 않은 사람은 평일에는 세종시에서 거주하다가 주말이 되면 서울 등 자가로 이동하고 있다. 서울 등 대도시의 시민을 세종시로 이주시키겠다는 가정은 다소 무리가 있었다. 그것보다는 서울 사람은 서울에 살게 하되, 세종시에 보다 쉽고 빠르게 접근하게 하는 것이 좀 더 현실적인 방책이다. 현재까지 교통수단을 고려하면 서울 도심에서 세종시까지는 2시간 남짓 시간이 걸린다. KTX를 이용하더라도 집 대문에서부터 세종시 교육부에 도착하려면 최소 그 정도는 걸린다. 26년도에 서울과 세종 고속도로가 개통된다. 그래도 편도 2시간은 족히 걸릴 것으로 예상된다. 아침 출근길에 소요되는 시간이 2시간이라는 것은 상당히 부담이 되는 시간이다. 사람들이 흔히 생각하는 인내할 수 있는 적정 출퇴근 소요시간은 1시간이다. 서울 시민 중에서 세종시에 근무하는 사람이 출근시간을 1시간으로 줄여야 한다는 결론이 나온다. 세종시를 활성화하기 위해서는 서울 시민이 서울에 그대로 살되, 세종시에 1시간 이내로 출근이 가능토록 하고, 세종시민은 반대로 서울시의 주요 시설에 한 시간 내로 접근한 수 있게 하는 것, 이것이 세종시를 활성화 시킬 수 있는 가장 현실적인 해답이다. 여태까지는 해결이 어려웠다. 그런데 UAM이라는 것이 나타난 것이다. 이것이 정말 세종시를 활성화할 수 있는 신통방책, 신의 한 수라고 생각한다. UAM이 각 지방 지역을 아울러 운용하는 것을 RAM이라고 한다. 이 RAM이 활성화된다면 전세는 완전히 바뀔 수 있다고 생각한다. 세종시를 도약하게 할 수 있는 게임체인저라고 생각한다. 서울시 종로구 자가에서 세종시 교육부까지 RAM을 타고 30여 분만에 이동이 가능하다고 가정해 보자. 종로구에 거주하는 A씨는 서울에 지속 거주하면서 출퇴근 시 RAM을 이용하게 되는 것이다. RAM에는 5~6명이 탈 수 있다. 수십 아니 수백 대의 RAM이 서울과 세종시 사이를 비행할 것이다. 악천후에 따른 변수 등의 몇 가지 불안정 요소는 해결해야 할 것으로 본다. 하지만 결론적으로 출퇴근에 대한 부담은 지금 대비 절반이하로 감소된다. 세종시에 사는 주민들은 RAM을 이용 언제든 서울의 주요 문화시설을 이용할 수 있다. 주말에 세종시 호수공원을 산책하고, 점심시간에 서울 여의도에 있는 현대백화점 방문을 원한다면 30분 내에 도착할 수 있게 된다. 세종시에 거주해도 문화, 여가 측면에서 제한사항이 발생하지 않는 것이다. UAM과 RAM의 상용화로 도시와 도시 사이의 거리는 시간적으로나 심리적으로 매우 단축될 것이다. 이러한 변화는 수도권과 지방이라는 고질적인 대한민국의 인구편중 문제를 해결할 수 있을 것이다.[5] 2025년이면 서울 상공에 UAM이 날아다닌다.

서울과 세종시 간 지역항공모빌리티(RAM) 버티포트 위치 및 경로 최적화와 세종시 발전 연구 (1/3)

□ 배경
- ✓ 세종시는 행정중심복합도시로서 교통 인프라의 효율적인 구축이 필수적임. 현재 서울과 세종시 간의 교통 소요 시간은 세종시의 발전을 저해하는 주요 요인 중 하나임. RAM은 이러한 문제를 해결하고 두 도시 간의 접근성을 크게 향상시킬 수 있는 혁신적인 교통 수단임. RAM의 도입은 세종시민이 서울의 주요 문화시설을 쉽게 이용하게 하고, 서울 시민들이 세종시에 쉽게 접근할 수 있게 하여 세종시의 발전을 촉진할 수 있음.

□ 문헌검토
- ✓ 기존 RAM 관련 연구 및 사례를 검토하여 RAM의 기술적 가능성, 경제적 타당성, 사회적 수용성 등을 분석함. 또한, 서울과 세종시의 교통, 인구 분포, 지형 등을 고려한 UAM 경로 최적화 및 생활 만족도 관련 문헌을 조사

□ 연구목적
- ✓ 서울과 세종시 간 RAM 버티포트 위치와 경로를 최적화하여 교통 효율성을 높이고, 세종시 거주 만족도를 향상시킬 수 있는 방안을 제시

By 최문규(24학번 과학기술정책정공 박사과정)

서울과 세종시 간 지역항공모빌리티(RAM) 버티포트 위치 및 경로 최적화와 세종시 발전 연구 (2/3)

□ 연구질문
- ✓ 서울과 세종시에서 RAM 버티포트의 최적 위치는 어디인가?
- ✓ 두 도시 간 RAM 경로의 최적화 방안은 무엇인가?
- ✓ **RAM 경로 최적화를 위해 필요한 기술적, 경제적, 사회적 조건은 무엇인가?**
- ✓ RAM의 활성화가 세종시 거주 만족도에 미치는 영향은 무엇인가?
- ✓ RAM의 효율적인 운영을 위한 정책적 지원 방안은 무엇인가?

□ 연구방법
- ✓ 문헌 조사: RAM 관련 기존 연구 및 사례 분석.
- ✓ 설문 조사: 서울 및 세종시 주민, 교통 전문가, 정책 결정자를 대상으로 한 설문 조사.
- ✓ **GIS 분석: 지리정보시스템(GIS)을 활용한 최적 위치 및 경로 분석.**
- ✓ 데이터 분석: 교통 데이터, 인구 데이터, 지형 데이터 등을 활용한 경로 최적화 분석.
- ✓ **생활 만족도 조사: 세종시 거주자의 생활 만족도 변화를 측정하기 위한 설문 조사 및 통계 분석.**

By 최문규(24학번 과학기술정책정공 박사과정)

UAM을 통한 세종시 활성화 관련 연구계획서

4. 어떻게 갓비디아(GodVIDIA)가 되었는가?

'엔비디아, AI 기술주 역사에 기록을 세우다.'

2024년 6월 19일은 AI 기술주 역사에 있어 기록적인 날로, 엔비디아 (NVIDIA)가 전 세계 시가총액 1위에 등극한 날이다. 2위는 마이크로소프트, 3위는 애플이 차지했다. 엔비디아는 생성형 AI의 붐을 타고 1년 반 만에 주가가 9배 급등하며 이 자리까지 올랐다. 엔비디아의 CEO '젠슨 황'은 세계 부자 순위 11위에 올랐으며, 엔비디아는 전 세계 AI 칩 시장을 석권하고 있다. 경쟁자가 없을 정도로 독보적인 위치를 차지한 엔비디아는 1993년 설립 이후 31년 만에 세계 1등 기업에 등극했다.

엔비디아는 3D 비디오 게임을 구동하는 컴퓨터 그래픽처리장치(GPU)를 제조 · 판매하며 IT 시장에 진입했다. 이 제품은 PC에 그래픽 카드를 추가해 사용하는 게이머들에게 큰 인기를 끌기 시작했다.

2018년 비트코인 열풍과 함께 코인 채굴업체들이 고성능 GPU를 사용하면서 수요가 폭발적으로 증가했다.

2022년 11월 오픈AI가 대화형 AI 챗봇 챗GPT를 공개하면서 생성형 AI의 언어모델을 훈련하는 데 GPU가 핵심적인 역할을 담당하게 되었다. 이로 인해 엔비디아의 주가는 천정부지로 상승했다.

'젠슨 황'은 독창적인 생각과 선견지명, 그리고 일관된 추진력으로 오늘날의 엔비디아를 만들었다. 그는 창업 초기 자금 부족으로 실리콘밸리의 레스토랑 '대니스'에서 커피 한 잔을 시키고 4시간 동안 10번이나 리필하면서 사업을 구상하곤 했다.[6]

당시 IT 업계가 CPU 성능 향상에 집중하고 있을 때, '젠슨 황'은 대량의 데이터 처리 속도가 중요한 시대가 올 것이라 예견하고 GPU 개발에 집중했다. 그 결과, 뛰어난 GPU 성능으로 입지를 다진 엔비디아는 꾸준히 기술력을 높인 차세대 인공지능 칩을 2년마다 선보이며 시장 지배력을 강화했다.

주요 제품
2020년: 암페어 기반의 A100
2022년: 호퍼 기반의 H100
2024년 3월: 블랙웰 기반의 B100
2024년: 차세대 칩 '루빈'

엔비디아는 이미 세계 1위 기업으로 등극했으며, 마땅한 라이벌 기업이 없는 상태에서 또다시 미래를 선점할 수 있는 신무기를 개발하여 세상에 내놓고 있다. 이러한 엔비디아의 혁신은 '젠슨 황'의 비전과 일관된 노력 덕분이다.

'젠슨 황'과 엔비디아의 성공 사례는 현실에 집중하고 미래를 예측하는 능력의 중요성을 보여준다. 그는 남다른 비전과 창의성으로 현실을 바꾸고 미래를 만들어가는 데 앞장서 왔다. 미래를 상상하는 능력은 이제 개인의 상상력을 넘어, AI 기술을 통해 현실로 구현되고 있다.

늘 그렇듯이 월등히 앞서가는 사람은 경쟁이 아닌, 차원이 다른 존재이다. 학창 시절을 떠올려 보면, 성문 기본영어를 누가 몇 번 봤느냐를 논할 때, 전교 1등은 성문 종합영어를 보고 있었고, 정석수학 기본편을 풀고 있을 때, 전교 1등은 정석수학 심화편을 보고 있었다. 전교 1등은 우리와 경쟁하지 않았다. 그는 다른 세계의 사람이었다. 한곳에 집중하다 보면 그 사람에게는 통찰력이 생기고, 통찰력은 미래에 대한 예지력을 만든다. 현실에 대한 집중과 열정은 사람을 미치게 만들고, 그 미친 힘은 미래를 투시하는 초능력을 만든다. 보이지 않는 세계, 가까운 미래를 상상할 줄 아는 사람이 되어야 한다.

과거에는 미래를 상상하는 것이 머릿속으로만 이루어졌지만 이제는 챗 GPT가 상상한 미래를 그림으로 그려준다. 그래서 먼 미래는 이제 단순히 머릿속에서만 꿈틀거리는 이상이라는 가상의 세계가 아니다. 이제 누가 더 그럴듯한 미래를 생각해 내느냐가 관건이다. 2040년에는 대한민국에서 서울과 세종시가 중추적인 역할을 할 것이다. 서울과 세종시는 UAM이 주 교통수단으로 자리 잡을 것이다. 자율주행은 완전히 정착되고, 차량의 외관은 더 이상 중요하지 않을 것이다. 자율주행 차량은 거의 비슷한 모습일 것이다. 어차피 내가 운전하지 않기 때문에 차량의 외관과 성능은 큰 의미가 없게 된다. 집에는 휴머노이드 로봇이 적어도 하나씩 비치될 것이다. 지금의 핸드폰이 1년마다 업데이트되듯이 휴머노이드 로봇도 버전을 달리하며 계속 업데이트될 것이다. 사람들은 달과 화성에 여행을 갈 것이다. 많은 화물을 싣기 위해 스타쉽에 이어 은하철도 999와 같은 철도가 우주의 교통수단이 되어 있을 것이다.

현실에 깊이 몰두하면, 당연히 미래를 상상할 수 있다. 그것은 개인의 상상력의 우위에 의한 것이 아니라, 과거와 현재를 잇는 연장선에서 단지 미래라는 그림을 추가하여 그리는 작업일 뿐이다.

5. 인류가 로봇에 열광하는 다섯 가지 이유

인조인간 로봇을 만드는 것은 인류의 오랜 꿈이었다. 영화에서도 로봇은 자주 등장하며, AI가 등장하기 전부터 인류는 로봇 만들기에 고심해왔다. 과거의 로봇은 다소 부자연스럽게 움직이고, 표정이 없으며, 단순한 반복적인 동작을 수행하는 수준에 불과했다. 하지만 최근 로봇 관련 기술은 비약적으로 발전하여 사지를 인간처럼 자연스럽게 움직이고, 두뇌도 똑똑해졌다. 현재의 기술 수준이라면 몇 가지 작업만 추가하면 거의 사람과 유사한 로봇을 만들어낼 수 있게 된다. 그러나 사람들은 로봇이 인간을 뛰어넘어 너무 뛰어난 존재가 되기를 꺼려한다. 다시 말해, 로봇은 사람과 유사하되 사람의 통제를 벗어나는 수준까지 발전하지는 않기를 바라고 있다. 인류에게 해를 끼칠 수도 있기 때문이다. 터미네이터를 언급하지 않더라도 로봇이 일정 수준 이상으로 발전하게 될 경우 인류에게 미치는 영향은 어두울 수 있음을 우리는 어렵지 않게 상상할 수 있다. 로봇의 발전은 인류에게 해가 될 가능성이 있음에도 불구하고 인류가 오랫동안 로봇을 만드는 데 집중적인 연구를 하는 이유는 무엇일까?

첫째, 사람을 대신해 노동을 할 수 있다. 사람은 누구나 반복적이고 단순한 일을 하는 것을 좋아하지 않는다. 집안일을 예로 들면, 매일 그것도 하루에 여러 번 해야 하는 빨래, 설거지, 옷 개는 일을 좋아하는 사람은 거의 없다. 의식주를 위해 어쩔 수 없이 해야 하는 일들을 로봇이 대신해 준다면, 사람은 좀 더 생산적이고 자신이 원하는 활동에 시간과 노력을 할애할 수 있을 것이다. 인간의 단순 노동을 대신해 주는 것은 오랫동안 사람들의 바라는 바였다.

둘째, 사람을 대신해 위험한 일을 할 수 있다. 사람은 갖가지 일을 하다 보면 위험한 상황에 노출되기도 한다. 화학 가스 공장에서 일하거나, 전기 관련 시설을 수리하는 등 일상생활 속에서도 위험이 도사리고 있는 일은 매우 많다. 이러한 위험한 일을 로봇이 대신한다면 사람의 안전을 지키고 생명의 존엄성을 보장할 수 있게 된다.

셋째, 로봇은 사람과 함께 생활하며 사람을 돌볼 수 있다. 인간은 혼자 있을 때 어려움을 겪는 경우가 많다. 아이나 노인은 혼자 거동이 자유롭지 않기 때문에 로봇이 이를 대신하거나 도와준다면 일상생활을 더 원활하게 할 수 있다. 게다가 독거노인의 동반자가 되어 준다면 고독감을 상당히 해소할 수 있다. 인간은 혼자 사는 법에 익숙하기 마련이지만 동시에 완전하지 않은 존재이기 때문에 혼자 생활하는 것을 힘들어하는 경우가 많다. 로봇은 불완전한 인간의 독거생활에 든든한 조력자가 될 수 있다.

넷째, 인간의 수행비서 역할을 수행하여 인간의 삶을 더욱 윤택하게 할 수 있다. 최근 AI 기능이 장착된 반려로봇이 많이 출시되고 있다. 이러한 로봇은 챗GPT 등을 활용하여 사람의 질문에 답변을 해주고, 시간 계획을 관리하며, 스케줄을 수립하고 제시해 줄 수 있다. 이를 통해 훌륭한 개인 비서 역할을 할 수 있다.

다섯째, 인간을 대신해 전쟁에 투입될 수 있다. 예로부터 전쟁은 많은 희생을 요구했다. 전쟁으로 인한 인간의 사상(死傷)은 국민들의 전쟁에 대한

지지를 반감시킴과 동시에 궁극적으로 그 나라의 경제, 교육, 문화 등에 큰 영향을 끼쳐왔다. 젊은 남성과 여성들은 국가를 지키기 위해 전쟁에 나가 희생해야 했다. 하지만 이제 로봇이 전쟁에 투입된다면 인간의 희생을 막을 수 있다. 현재의 기술 발전 추세로 볼 때, 로봇이 전쟁에 투입되어 인간의 지시와 명령에 따라 임무를 수행하는 것은 머지않아 충분히 가능할 것으로 보인다. 로봇 스스로 판단하여 전쟁을 수행함에 있어 로봇의 판단이 비윤리적인 것이 되지 않아야 함을 경계해야 하는 때가 도래하였다.

사람과 거의 구분되지 않는 로봇이 거리를 활보하는 날이 머지않아 올 것이다. 인간과 로봇이 한참을 얘기하다가 "혹시 인간이세요, 로봇이세요?"라고 물어보는 상황이 올 것이다. 인류는 인류의 필요에 의해 로봇을 만들었다. 로봇이 사람과 유사할수록 그 로봇은 훌륭하다고 평가한다. 심지어 인간의 두뇌보다 우수한 두뇌를 가진 로봇이 만들어질 가능성도 현재로서는 매우 높다. 그 두뇌를 나쁜 방향(이를테면 선한 이를 살해하는 킬러로봇)으로 사용하지만 않는다면 로봇은 인간에게 큰 도움을 줄 수 있다.

6. 여보, 아버님 댁에 반려봇 하나 놔드려야겠어요

반려봇을 고르는 중이다. 반려봇이 경기도 이천에서 독거하고 계신 아버지 옆에서 같이 있을 때를 상상하면서 말이다.

반려로봇 '키디'가 오늘도 열일 중이다. 아침 새벽 5시에 알람을 울린다. 아버지는 어제 주간 일이 고되셨는지 오늘따라 쉽게 일어나시지 못한다. 그러자 '키디'는 아버지가 좋아하는 가요를 연달아 틀어놓는다. 조용필의 〈친구여〉에 이어 나훈아의 〈무시로〉가 흘러나올 때쯤 아버지는 일어나신다. 아버지가 일어나시자마자 '키디'는 오늘의 주요 일과를 신나는 음악에 함께 브리핑한다.

"잘 주무셨어요? 오늘은 10월 17일, 수요일이에요."
"오늘은 오후 1시 30분에 분당 차병원 내과 진료가 있어요. 오늘 교통 상황과 이동 경로를 고려하면 9시 30분에 집 앞 정류장에서 버스를 타야 해요. 남은 시간은 2시간 30분이에요."

아버지는 며칠 전부터 오늘의 병원 진료를 생각해 오셨기 때문에 키디의 브리핑이 새롭지는 않지만, 다시 한번 확인해 주어 안심이 되었다. 버스를 타기까지 2시간 30분이 남았다는 정보는 제법 유용하다. 키디는 오늘 아침 식사를 추천한다. 냉장고에 있는 남은 음식을 알고 있는 키디는 오늘 병원 진료가 있는 것을 고려해 맞춤형 음식을 추천한다.

"냉장고에 미역국과 김치가 있어요. 오늘 아침에는 그것을 드시는 것이 좋을 것 같아요. 병원 내과 진료가 있기 때문에 속이 편한 음식으로 추천해 드렸어요. 식사를 하고 나서는 수박 두 조각을 드시는 것을 추천해요. 수박이 냉장고에 들어온 지 오늘로 4일째예요. 내일까지는 다 드시는 것이 좋아요."

아버지는 냉장고에서 미역국과 김치를 꺼내어 식사를 준비하신다. 어제 전기밥솥에 넣어 놓은 쌀은 간밤에 잘 조리되어 밥은 주걱으로 뜨기만 하면 된다.

"키디, 전기포트 전원을 켜줘."

아버지는 식사를 준비하시며 전기포트 전원을 켜달라고 키디에게 주문한다. 오늘도 어김없이 아침을 먹고 나서는 약을 드셔야 한다. 이왕이면 늘 그랬듯 찬물보다는 적당히 따뜻한 물과 함께 약을 먹고 싶다. 키디의 명령에 의해 켜진 전기포트에 어느새 물이 끓는다.

"버스 탑승까지 남은 시간 30분이에요. 이제 옷을 입고 나갈 준비를 하셔야 해요."

아버지는 병원에 챙겨갈 서류와 돈가방 등의 소지품을 챙기신다. 방문을 걸어잠그고 나오려는데 키디가 다시 음량을 높인다.

"핸드폰은 챙기셨어요? 두고 나가는 물건은 없으세요?"

아차, 핸드폰을 또 깜빡했다. 얼른 가서 침대 옆에 충전 중이던 핸드폰을 집어든다. 모든 준비가 완료되었다. 분당에 있는 차병원까지 왕복 7시간을 보냈다. 대기하고 진료하고, 점심 먹고, 보호자 역할과 수발을 들기 위해 찾아온 며느리와 얘기하느라 시간이 많이 지났다. 집에 오니 키디가 말을 걸었다. 과거처럼 아무도 없는 집이 휑하게 느껴질 틈이 없다.

"오늘 외출은 어떠셨나요? 병원 진료는 잘되셨나요? 다음 병원 진료일을 말씀해 주세요."
"간호사가 다음에는 11월 19일에 예약을 해놓는다고 했어."
"네, 알겠습니다. 11월 19일 일주일 전부터 진료날짜를 말씀해 드릴게요."
"그래."

키디는 말이 많다. 쉴새 없이 떠든다. 할 말이 참 많은 것 같다. 오늘과 내일의 날씨를 정기적으로 말해준다. 실시간 주요 뉴스에 대해서도 알려준다. 가장 쓸모 있는 것은 중요한 예약 날짜를 미리 알려주고 약속 당일까지 재확인해 주는 것이다. 아버지는 키디에 익숙해진 후부터 벽에 걸린 달력에 중요한 약속을 적어 놓는 것을 더욱 꼼꼼히 챙기신다. 키디가 말하는 내용과 달력에 적어놓은 것이 다를까 봐 살펴보지만 거의 틀림없다.

아버지와 키디가 오늘 하루 종일 나눈 대화는 300문장이 넘는다. 대부분 키디가 일방적으로 정보를 알려주기 위해 떠드는 얘기였다. 매일 반복하는 기계음이지만 싫지 않다. 게다가 키디는 변덕이 없다. 비가 오나 눈이 오나 매일 자기의 일을 열심히 한다.

다음날 아침, 키디는 새로운 기능을 선보였다. 아침 식사를 준비하는 동안 키디는 아버지의 건강 상태를 체크했다.

"아버지, 오늘 혈압과 혈당 수치를 확인해 드릴게요."

키디는 아버지의 손목에 간단한 센서를 붙여 혈압과 혈당을 측정했다.

"혈압은 정상입니다. 혈당 수치도 안정적이에요. 하지만, 조금 더 주의하셔야 할 것 같아요. 오늘 식사 후 산책을 추천해 드릴게요."

아버지는 키디의 세심한 관리가 고맙다. 식사를 마치고 나서 키디는 아버지에게 스트레칭 운동을 제안했다.

"10분 동안 가벼운 스트레칭을 해볼까요? 제가 안내해 드릴게요."
키디는 화면에 스트레칭 동작을 보여주며 아버지가 따라 할 수 있도록 도와주었다. 스트레칭을 마친 후 키디는 아버지의 상태를 다시 체크했다.

"좋아요, 이제 기분이 좀 나아지셨나요? 오늘 날씨가 맑아요. 잠깐 산책을 다녀오시면 좋을 것 같아요."

아버지는 키디의 제안을 받아들여 산책을 나섰다. 집에 돌아오니 키디는 아버지에게 물을 충분히 마시라고 권유했다.

"물을 한 잔 마시는 게 좋을 것 같아요. 하루 동안 충분한 수분을 섭취하는 것이 중요해요. 하루 적정 수분 섭취량은 2000리터랍니다."

저녁이 되자, 키디는 아버지의 다음 날 하루 일정을 다시 한번 점검했다.

"내일 일정은 다음과 같습니다. 오전 10시에 친구와 점심 약속이 있어요. 점심 약속은 이천 터미널 근처에 있는 장흥회관이네요. 그리고 오후 3시에는 치과 진료가 있습니다. 필요한 준비물을 미리 챙겨드릴까요?"

아버지는 키디가 미리 준비해주는 덕분에 내일 일정을 편하게 준비할 수 있었다. 키디는 아버지에게 잠자리에 들기 전 간단한 명상 프로그램을 추천했다.

"잠들기 전에 5분간 명상을 해볼까요? 마음을 편안하게 하고 숙면을 도와드릴게요."

아버지는 키디의 안내에 따라 명상을 마쳤다. 키디는 아버지의 수면 상태를 모니터링하며 조용한 음악을 15분간 틀어주었다.

키디는 아버지의 일상 전반을 세심하게 챙기며 함께 사는 자식들과 보호자도 못했을 정도의 기대 이상의 역할을 하고 있다. 아버지에게는 든든한 동반자가 생긴 셈이다.

7. 不老長生,
새로운 라이프 플랜을 요구하다

인간의 수명이 연장되고 있는 것은 더 이상 공상과학이 아닌 현실이다. 과거에는 상상하기 어려웠던 불로장생이 과학기술의 발전으로 가능해지고 있다. 기대수명의 연장은 단순히 오래 사는 것을 넘어서, 삶의 질을 높이고 건강하게 장수하는 것을 목표로 한다. 이를 위해 여러 과학적 연구와 의료 기술이 활용되고 있다. 인류는 인간의 수명에 영향을 미치는 생체조직에 대하여 연구하여 왔으며, 지금은 어느 정도 인체의 신비에 대한 비밀이 밝혀져 장수에 대한 꿈이 점차 현실화되고 있다. 젊을 때는 면역세포가 노화세포를 제거하여 몸속에 쌓이지 않으나, 나이들면 노화세포가 제거되지 않고 점점 증가되고, 노화세포에서 여러 물질이 분비되어 주변세포로 노화가 전파되는데 이를 적절히 차단하면 노화를 방지하여 장수가 가능하다.

현재 많은 나라에서 정년은 55세에서 65세 사이로 규정하고 있다. 하지만 인간의 기대수명이 150세에 이르게 된다면, 정년을 대폭 연장하는 것이 필요하다. 인간의 노동 가능 연령이 길어지면 은퇴 후에도 경제적으로 자립할 수 있는 시간이 늘어난다. 정년 연장은 단순히 일할 시간을 늘리는 것이 아니라, 인생의 중요 변곡점 시기를 조정할 수 있는 중요한 변화다. 예를 들어, 정년을 100세까지 연장하는 방안을 고려해 보자. 일본과 같은 몇몇 나라에서는 이미 정년을 70세까지 연장하는 정책을 시행 중이다. 차츰 정년은 연장 될 것이고, 사회적 합의를 통해 정년은 5년 단위로 연장되어 100세까지도 갈 수 있다.

인간의 생애 전반 사이클을 고려하여 학업, 직장 생활, 은퇴 후 활동의 기간을 재설정하는 것이 필요하다. 현재는 대학교 졸업 후 20대 중반에 직장에 들어가 30~40년간 일하는 것이 일반적이지만, 기대수명이 150세인 사회에서는 학업 기간도 연장하고, 직장 생활을 더 길게 가져가는 방식으로 변화해야 한다. 예를 들어, 각 개인에게 대학원 교육과 사회적응 교육을 추가하여 학업 기간을 10년 정도 연장하고, 30세에 본격적으로 취직하여 100세까지 70년간 일하는 방안을 고려할 수 있다. 또한, 100세가 넘어서도 제2의 삶을 시작할 수 있도록 사회적 시스템을 갖추는 것이 중요하다.

인간의 기대수명이 연장됨에 따라, 국가 차원에서도 이를 뒷받침할 제도적 변화가 필요하다. 관련된 연구를 통해 각 연령대별로 적합한 일자리와 활동을 마련하고, 이를 제도적으로 지원하는 기구를 운영해야 한다. 또한, 교육, 복지, 의료 등 다양한 분야에서 장수 사회에 맞춘 정책을 개발하고 시행해야 한다. 예를 들어, 스웨덴에서는 고령자도 쉽게 접근할 수 있는 평생 교육 시스템을 운영하고 있으며, 이는 고령자들을 포함하여 삶의 만족도를 높이는 중요한 역할을 하고 있다.

장수 사회가 가져올 수 있는 문제점과 도전 과제도 고려해야 한다. 예를 들어, 고령화로 인해 사회보장 시스템이 과부하될 수 있고, 복지 관련 세금 납부는 세대 간 갈등의 요인으로 작용할 수 있다. 이러한 문제를 해결하기 위해 세대 간 공존을 위한 정책, 고령자의 사회적 참여 확대 방안, 지속 가능한 사회보장 시스템 구축 등이 필요하다. 또한, 늘어난 수명에 맞춘 건강 관리와 예방 의료의 중요성도 커질 것이다.

이와 같은 변화는 단순히 개인의 삶의 연장을 넘어, 사회 전체의 구조적 변화를 요구한다. 인생의 로드맵이 재설정되면, 각 나이대별로 무엇을 하는 것이 적절한지, 이를 위해 국가와 사회가 어떻게 준비해야 할지에 대한 고민이 필요하다.

개인적으로도 장수 사회에 대비하여 자신의 인생 로드맵을 수립하고 이를 위한 사회적 시스템에 적극적으로 참여하는 자세가 필요하다. 예를 들어, 평생 학습을 통해 끊임없이 새로운 기술과 지식을 습득하고, 건강을 유지하기 위한 생활 습관을 기르는 것이 중요하다. 이를 통해 건강하고 행복한 삶을 영위할 수 있을 것이다.

8. 여행을 떠나요,
망망대해보다 넓은 우주로!

사람들이 여행을 가는 이유는 다양하다. 주된 이유로는 일상에서의 탈출, 새로운 볼거리, 휴식 등이 있다. 특히 자연 속에서의 오토캠핑은 특별한 경험을 선사한다. 장작불을 피워놓고 불멍을 하며 너울거리는 불길을 바라보는 순간, 마음이 고요해지고 따뜻해지는 느낌을 받는다. 이러한 경험은 일상에서 벗어나 마음의 정리를 돕고, 새로운 생각을 하게 만들어 준다.

새로운 볼거리는 전 세계에 차고 넘친다. 하지만 만약 단 한 곳의 여행지를 선택하라고 한다면 나는 우주를 택할 것이다. 우주에서 바라보는 지구의 광경은 상상만으로도 경이롭다. 우주선에서 이탈하여 우주를 유영하는 상상을 해본다. 그곳에서는 가끔 다른 우주선이 지나가고, 수많은 위성이 궤도를 비행하는 모습을 볼 수 있다. 동시에 우주 쓰레기들이 파편처럼 떠돌아다니는 것을 피하기 위해 조심스럽게 주변을 살펴야 한다. 멀리서 겉표면이 파란 지구가 보이면, 우리나라를 찾기 위해 시선을 집중할 것이다. 대기는 사우나의 냉방에 들어가듯 차가울 것 같고, 가끔씩 대기권을 벗어나 비행하는 대륙간 탄도미사일이 신기하게 보일 것 같다. 우주에서 바라보는 지구의 모습은 잘 모르긴 해도 분명 불멍 이상의 아름다운 광경을 선사할 것이다.

최근 들어 우주로의 여행이 급속히 발전하고 있다. 현재까지 지구 밖으로, 우주로 나간 사람은 700여 명이 채 되지 않는다. 버진갤럭틱, 블루오리진, 스페이스X는 대표적인 우주여행을 추진하는 기업들이다. 특히 스페이스 X는 우주로 보내는 발사체를 최초 발사위치로 원위치 시키는 기능을 더함으로써 비용을 절감, 우주를 향한 인류의 도전에 크나큰 기술 발전의 획을 긋게 되었다.[7] 현재 우주여행 비용은 6억 원이 넘는다. 3박 4일 정도의 일정으로 우주를 여행하고 오는 비용이다. 매우 비싼 가격이지만, 우주라는 희귀한 목적지에 그 정도의 비용을 소비하고 싶은 사람들은 많다.

사람들의 인식이 "좀 더 좋은 곳에서 살 수는 없을까?"라는 동경에서 "온난화 등으로 인해 지구에서는 더 이상 살기 어렵다."로 바뀌는 순간, 우주는 새로운 삶의 터전이자 영토가 될 것이다. 우주에 새로운 도시를 건설하고, 지구와 우주 속의 도시를 오가며 삶을 영위해야 하는 시대가 올 가능성이 있다.

스타링크 등 GPS 차원의 위성이 이미 지구 밖의 우주 영역에 수천 개가 운행되고 있다. 우주는 지구인의 삶을 편리하고 풍요롭게 하기 위해 반드시 이용해야 할 영역이 되었다. 군에서도 우주와 사이버 영역은 지상, 해상, 공중과 같은 또 하나의 전장의 영역이 되어 멀티도메인 차원의 전쟁수행 방식이 발전하고 있다.

지구에서의 인간의 삶을 보면, 온난화로 인해 많은 사람이 이미 숨지고 있다. 전쟁은 어른과 아이 할 것 없이 인류의 생명을 빼앗아 가고 있다. 이러한 지구 내에서의 분열과 갈등, 전쟁과 온난화 등의 참상을 벗어나고 싶은 사람들이 있을 것이다. 지구와는 다르게 평온하고 조용한 세상, 새로운 사회 질서와 법규가 존재하는, 클라스가 다른 새로운 영역에서 인생을 살아가고픈 사람들도 분명 존재할 것이다. 도화지 속에 그림을 그리듯, 새로운 영토가 될 수 있는 우주로 가기 위한 시작, 우주여행은 그래서 매력적이다. 인류의 역사가 그러했듯 새로운 삶의 터전의 발견의 시작은 호기심과 그 호기심을 충족하기 위한 소수인의 여행에서 시작되었다. 우주에 대한 호기심은 우주여행이라는 진귀한 상품을 만들어냈고, 여행의 일상화는 장기간 머무르는 사람을 만들게 될 것이다. 우주에 머물고 싶은 사람이 많아지면 정착지가 생기게 되고 그것은 인류가 영구적으로 거주할 수 있는 영토가 된다.

9. 설마, 그것도 가능해?

인간이 인간의 상상력 내에서 만들지 못하는 것은 무엇이 있을까? 수년 아니 수십 년이 지나도 절대로 만들지 못할 것이 뭐가 있을까. 앞에서 언급한 것처럼 은하철도 999도 만들어지는 시대인데 인간이 만들지 못할 것이 뭐가 있을까라는 생각을 해본 적이 있다. 생각이 든 것은 두 가지였다. 하나는 사람의 살을 인위적으로 빠지게 하는 약이었고, 두 번째는 차량 스스로 세차를 하는 기술이다. 그런데 벌써 살 빠지는 약은 시중에서 판매되고 있다. 살을 인위적으로 빼는 다이어트 약이 개발되었다. 노보노다스크, 일라이일리 등 미국 제약회사는 살빼는 약을 만들었다. 엄밀히 말하면 살을 빼는 약이라고 보긴 어렵다. 몸집이 불은 사람의 세포 조직을 파괴하는 물리적인 방법이 아니다. 사람의 식욕을 억제하게 함으로써 살을 빼는 간접적인 방법이다. 달리 말하면 살을 빼는 약이 아니라 식욕을 억제하는 약이다. 약을 복용한 사람은 결국 살이 빠지기 때문에 살을 빼는 약이라고 불러도 무방하겠다. 엘론 머스크 등 미국의 유명인이 이 약을 먹고 살을 뺐다는 내용을 SNS에 올림으로써 살 빼는 약은 폭발적으로 미국 내에서 번지게 되었다. 지금은 전 세계적으로 약 3천만 명 이상이 이 약을 먹어본 것으로 확인되고 있다. 심지어 미국의 여성들 중에 살을 빼는 약을 통해 체중이 급격히 감소한 인원이 대량으로 발생하여 속옷 판매 등이 급증하고 있다는 예상 밖의 현상도 발생하고 있다. 이러한 다이어트 약들은 값이 매우 비싼 편이다. 특정 약품의 경우 연 2,000만 원을 지불해야 한다. 이 약값을 제시하며 주위에 있는 동료들에게 약을 먹을 용의가 있냐고 물어보고 있다. 그 때마다 질문을 받는 이들의 표정은 사뭇 진지하다. 그만큼 많은 사람들이 다이어트에 매우 민감하고 신경을 많이 쓰고 있다는 것이다. 불필요한 살을 파괴하는 것이 아닌 인간의 기본 욕구인 식욕을 억제한다는 점이 다소 불편하긴 하다.

두 번째 영원히 해결되지 않을 문제라고 간주해왔던 셀프 세차 자동차는 아직 요원하다. 특허청에 검색해본 결과 아직 충분한 개발 시도가 있지 않은 듯하다. 세차는 손이 많이 가며 비생산적인 일이다. 비와 눈을 맞아도, 흙길에 차를 몰아도 세차를 해야 한다. 주유소에 딸려있는 기계식 자동세차장, 세차 전문 세차장을 한번 유심히 보라. 얼마나 많은 차들이 세차를 위해 끊임없이 이동하고 있는가. 사람들은 쉽고 빠르게 세차를 하기를 원하기도 하면서 동시에 자신의 얼굴 이상으로 자기가 보유한 차의 세차에 진심이기도 하다. 물 세척으로 초벌 세차를 하고 거품을 바르고, 다시 고압 호스건으로 차량을 닦는다. 수건으로 물기를 제거하고, 광택을 낸다. 여기서 끝나는가? 차량 내부로 다시 들어와서 바닥시트를 제거하고 공기청소기로 먼지를 빨아 당긴다. 자동세차장에 의한 세차 소요시간은 대략 5분, 손세차장에서 사람에 의한 세차는 약 30분이 소요된다. 세차는 통상 한 달에 한두 번은 하는 것 같다. 정확한 통계치는 확인해 보지 않았다. 분명한 것은 차를 몰고 있는 사람들은 세차에 적지 않은 시간과 에너지를 소비하고 있다는 것이다. 일부 소수를 제외하고는 시간과 에너지 소비를 좋아하지는 않을 것이다. 어쩔 수 없이 차량을 깨끗하게 유지하기 위해 세차를 하는 것이다. AI와 첨단 과학기술이 사람이 생각해낸 사람의 편의를 위한 것이라면, 그리고 최대한 사람의 능력과 비슷한 객체를 만들어 내기 위한 것이라면 세차에 대한 진일보한 발전이 있을 것으로 예상한다. 세차의 발전 기술은 다음과 같이 몇 가지로 예상할 수 있다.

첫째, 차량 외부 세차에 대한 보다 정교한 기술 발전이다. 현재 자동세차장의 차량 외부 세차 기술은 꽤나 훌륭하다. 5분 남짓한 시간에 외관 골고루 세차를 할 수 있다. 과거에는 세차 솔이 돌아가면서 세차를 하여 일부 고급차를 사용하는 사람들이 세차 솔에 의한 잔 기스 발생으로 이를 꺼려하였으나, 지금은 아예 세차 솔이 아닌 폼건으로 때를 벗기고, 고압 건으로 마무리를 하는 프로세스로 발전되어 가고 있다. 보다 강력한 건조 기능이 발전된다면 외부세차의 기술은 완벽한 기술을 가질 것으로 본다.

둘째, 차량 내부의 세차 기술 발전이다. 현재 생산되고 있는 차량 내부 구조를 고려할 때, 사람이 개입할 수밖에 없다. 차량 내부가 자동 세차가 되기 위해서는 결국 바닥을 청소하는 로봇청소기가 가동되어야 하는데, 그러기 위해서는 현재의 차량 내부 바닥 구조에 대한 변화가 필요하다. 로봇 청소기가 차량 내부 바닥 전체를 청소할 수 있도록 막힘 구간이 없어져야 한다. 또한 차량 내부 바닥은 지금처럼 (매트 사이에 먼지가 끼게 되어 쉽게 제거하기 어려운) 바닥매트를 설치하는 것에서 마룻바닥처럼 미끈한 구조로 바뀌어야 한다. 운행을 마치고 차량 내부 바닥 청소 버튼을 누를 경우, 일정 장소에 고정되어 있던 로봇 청소기가 튀어나와 차 내부 바닥 전체를 돌아다니면서 먼지를 흡입하고 걸레질을 해야 사람의 개입이 최소화된 내부 청소가 가능해 진다.

이것만큼은 못 만들겠지 했던 마지막 퍼즐, 차량 셀프 세차 시스템도 해결될 날이 멀지 않아 보인다. 인간이 할 수 없는 것은 적어도 나의 머릿속 한계 내에서는 없어 보인다.

10. AI를 활용한 의사결정지원체계

AI를 활용한 의사결정지원체계는 다양한 분야에서 큰 변화를 가져올 수 있다. 인간의 결정은 주어진 정보를 바탕으로 최상의 결과를 가져올 수 있는 선택 옵션에 우선순위를 부여하는 과정이다. 인간의 사회활동은 아침부터 저녁까지 끊임없는 결심과 결정의 연속이다. 이 과정이 복잡하고 정교할수록 효율성은 비례하여 상승한다.

AI와 군(軍) 의사결정

군에서 지휘관은 전장 상황에 적합한 결심을 내려야 한다. 충분한 사전 분석이 이루어져 있을수록 상황에 대한 대응이 용이하다. 군은 획득된 정보를 빅데이터화하고 AI를 도입해 관련 정보를 쉽게 접근하도록 해야 한다. 예를 들어, 적의 무인기가 남한으로 날아오는 상황을 가정할 때, 발진 기지, 예상 비행 경로, 과거 사례 등을 분석해 실시간 대응 정보를 제공하는 시스템이 필요하다.

AI와 투자

주식 투자에서는 대부분 사람들이 손해를 보기 마련이다. 서학개미와 전문 투자자들의 가장 큰 차이점은 정보 분석 능력이다. 서학개미는 주로 일반적인 정보만을 이용해 주식을 매수하고 매도하지만, 전문 투자회사는 기업의 연매출, 생산력, 이익, 부채비율, 향후 전망 등을 정밀하게 분석해 미래 가치를 평가한다. 개인 투자와 투자 회사의 투자는 처음부터 원래는 비교가 되지 않는 정보 우위의 차이가 존재한다.

AI 의사결정지원체계의 발전 방안

1. 시스템의 상호 호환성

다양한 C4I 시스템에서 분석된 데이터를 하나의 통합 C4I로 모을 수 있는 물리적 시스템 보완이 필요하다. 하나의 통합된 시스템을 사용하는 것이 이상적이지만 현실적으로 어렵기 때문에 다양한 시스템 간의 데이터 호환이 가능하도록 발전시켜야 한다.

2. 과거 사례와 현 상황 비교 분석

과거 사례와 현 상황을 비교해주는 시스템이 필요하다. 과거의 유사한 사례를 빠르고 정확하게 확인할 수 있는 시스템이 있어야 한다. 오늘날에 발생하는 대부분의 현상은 과거에 최소 한 번 이상 발생한 적이 있다. 그 당시 문제를 해결했던 노력을 시간적으로 현재로 가져와서 활용할 수 있어야 한다.

3. 데이터 관리와 가시화

과거의 데이터를 지금 바로 사용할 수 있도록 관리하고 가시화하는 테크니션이 필요하다. 좋은 자료가 저장되어 있더라도 어디에 저장되어 있는지 모르면 무용지물이다. 과거의 자료를 잘 보관하고 빅데이터화하여 현재의 상황과 비교 분석할 수 있는 능력을 가진 자의 양성이 중요하다.

AI를 활용한 의사결정지원체계는 군사, 투자, 일상생활 등 다양한 분야에서 중요한 역할을 할 것이다. AI 시스템의 발전을 통해 인간의 결정을 더 창의적이고 효율적으로 만드는 것이 중요하다. AI 의사결정지원체계의 발전은 우리의 삶에 큰 변화를 가져올 것이며, 이를 통해 더욱 정확하고 빠른 의사결정이 가능해질 것이다.

11. 무인 전쟁의 서막, 지옥도(Hellscape)

2022년 가을, 공무 출장차 하와이의 인도태평양사령부(이하 인태사)를 방문한 적이 있다. 인태사는 미국의 6개 지역별 통합 전투사령부 중 가장 넓은 책임 지역(약 1억 평방마일로 지구 총 면적의 52%)을 담당하며, 주한미군사령부를 지휘하는 등 한반도 안보에 중요한 역할을 하고 있다. 인태사령관 파파로 제독은 해군 4성 장군이다.

미국은 중국의 대만 침공에 대비한 작전 수립에 집중하고 있다. 미국은 모든 전장영역에서 각 군이 운용하는 정보수집 자산, 타격체계, 네트워크를 단일화하고 군의 능력을 통합해 복합적인 시너지효과를 발휘하는 '합동 전 영역 작전(JADO, Joint All -Domain Operation)'을 발전시키고 있고, 중국은 역내에서 자국의 핵심 이익을 보호하기 위해서 미국의 군사력 투사가 불가능 하도록 '반접근 · 지역거부(A2/AD, Anti -Access/Area Denial)'으로 대비하고 있다. [8] 미국의 작전 개념은 중국이 대만을 침공할 경우, 대만 일대에 무인 잠수정과 드론을 집중 배치하여 초전에 중국의 침공을 어렵게 만드는 것이다.

무인 잠수정과 드론을 통해 한 달여간 시간을 벌면, 미 본토 등에서 미 전력이 투입되어 중국의 침공을 궁극적으로 저지할 수 있다는 개념이다.

미군은 세계적으로 관할하는 지역이 넓다 보니, 적시 적소에 미군 전력을 투사하는 것이 과거부터 큰 관건이었다. 최근에는 무인 전력이 급속도로 발전하여 패러다임의 전환을 가져왔다. 무인 전력은 사람을 직접 배치해야 할 소요가 현저히 적다. 전투원을 배치할 필요가 없다는 것은 인력 소요의 경감뿐 아니라 미국 자국 내의 국민을 위험한 험지로 보내지 않아도 된다는 것을 의미한다. 현재 무인 전력은 유인 전력에 못지않은 성능을 발휘하고 있어, 작전 개념을 현실화하는 데도 크게 부족하지 않은 상황이다.

특히 미국이 현존하는 최대의 위협으로 보는 중국에 대응함에 있어 무인 전력을 핵심으로 하는 작전 계획을 내걸었다는 것은 상징성이 있다. 바야흐로 전쟁에 있어서도 무인 전력의 시대가 성큼 찾아온 것이다.

무인 전력의 장점은 여러 가지가 있지만, 그중에서도 우선시되는 몇 가지를 살펴보겠다.

1. 인명 손실을 제로화 할 수 있다

전쟁에서는 군의 전투력 손실, 그중에서도 전투원의 인명 사상은 승리를 위해서 감수해야 할 사항으로 여겨왔다. 군은 각개 전투원의 생명을 보장하고 안전한 수단을 강구하기 위해 다양한 방법을 모색해왔다. 하지만 전쟁 상황에서 전투원의 생명을 보장하는 것은 쉽지 않다. 그런데 무인 전력이 운용될 경우 전투원의 생명 보장 가능성은 현저히 높아진다. 무인 전력이 투입될 경우 대부분의 전투원은 전투 현장에 직접 투입되지 않기 때문이다.

2. 대규모 전력을 동시에 운용할 수 있다

기존에는 전투력을 발휘하는 객체에 전투원이 직접 탑승하여 운용하는 시스템이었기 때문에, 무기가 아무리 다량 준비되어 있더라도 이를 직접 운용하고 조종할 수 있는 전투원이 없으면 무용지물이었다. 하지만 무인 전력을 운용할 경우 무기체계를 운용하는 전투원의 소요가 없기 때문에 장비만 있다면 이를 모두 투입할 수 있다. 인태사의 지옥도(헬스케이프) 작전도 다량의 무인 잠수정과 드론을 벌떼처럼 운용하여 광활한 대만 해협에서 중국의 침공을 저지하겠다는 개념이다. 헬스케이프 작전에 운용되는 무인 잠수정과 드론은 기존 유인 전투력 대비 수십 배 이상의 규모로 동시에 운용될 가능성이 높다.

3. 전투 실험과 모의실험의 기회 확대

유인화된 전투력은 사람이 직접 탑승하여 조종해야 하기 때문에, 전력화가 완전히 되지 않은 장비는 인원에 의한 전투 실험이 다소 위험할 수 있다. 그러나 무인 전력을 운용할 경우 생명 보호라는 측면에서 자유롭기 때문에 다양한 전투 실험 및 모의실험이 가능하다. 이러한 기회는 장비의 전력화를 더욱 촉진할 수 있으며, 신장비 도입에 있어서도 그 발전 속도를 훨씬 빠르게 할 수 있는 장점이 있다.

무인 전력의 발전과 함께 여러 도전 과제도 존재한다. 무인 전력의 운영에는 높은 기술력이 요구되며, 이를 유지하고 발전시키기 위한 지속적인 연구와 투자가 필요하다. 또한, 무인 전력의 사용에 따른 윤리적 문제와 국제법적 문제도 함께 고려해야 한다. 예를 들어, 무인 무기의 자율성 수준과 그로 인한 책임 소재에 대한 논의가 필요하다. 이러한 문제들은 무인 전력의 운영과 발전에 중요한 요소로 작용할 것이다.

전문가들이 예상하는 바와 같이 2027년 이전 헬스케이프 작전이 실제로 이루어진다면, 세계 전쟁의 양상은 본격적으로 변화를 맞이할 것이다. 무인 전쟁의 본격적인 서막이 오르는 것이다. 무인 전력의 장점과 도전 과제를 균형 있게 고려하여, 미래의 전쟁 양상에 대비하는 것이 중요하다.

12. BCI
(Brain-Computer Interface)

인간은 명석한 두뇌를 바탕으로 컴퓨터를 만들었다. 컴퓨터는 인간의 두뇌 활동을 보완해 줄 수 있는 장치이다. 계산, 정보, 데이터 처리 능력은 인간의 두뇌를 훨씬 앞선다. 하지만 컴퓨터의 성능이 아무리 발달하더라도 현재까지는 컴퓨터의 능력이 인간의 두뇌보다 모든 면에서 우수하다고 할 수는 없다. 인간의 두뇌는 컴퓨터가 할 수 없는 능력이 있기 때문이다. 이러한 것들은 소위 상상, 추론의 영역이다. 요즈음에는 LLM(Large Language Model, 거대언어모델)을 바탕으로 인간의 추론 영역까지 컴퓨터가 대신하는 기술까지 접근했지만, 여전히 인간 두뇌의 무한한 확장성을 컴퓨터가 따라오기는 한계가 있다. 그렇다면 인간의 두뇌와 컴퓨터 각각의 장점을 서로 연결할 수 있다면 최적의 조합이 나올 수 있을 것이라는 생각을 했다. 인간이 생각하는 것을 컴퓨터가 읽고 기계를 작동하게 하거나, 반대로 컴퓨터로 만들어낸 결과물을 인간의 두뇌에 삽입하여 인간의 행동을 통제하도록 하는 것, 이것이 BCI(Brain-Computer Interface)의 핵심이다.

예맨의 분자 생물학자 하셈 알가일리가 공개한 미래교도소

(출처: 유튜브 <Hashem Al-Ghaili>, "The Prison of the Future - Cognify" 영상)

BCI의 발전에 있어서 '스티븐 호킹' 박사는 매우 중요한 역할을 했다는 것을 부인하는 사람은 없을 것이다. 스티븐 호킹 박사는 천재적인 지식을 갖고 있으나 사지가 온전치 못하여 그의 생각을 구현하기가 어려웠다. 어떻게 하면 스티븐 호킹 박사의 뇌에 있는 천재적인 사람만 가질 수 있는 정보를 다른 사람들이 읽고 받아낼 수 있을 것인가에 대해서 과학자들은 많은 고민과 실험을 계속 하였다. 결론적으로 사람들은 뇌의 신호를 읽을 수 있는 연결체가 필요하다는 생각을 했다. 엘론 머스크는 뉴럴링크라는 칩을 인간의 뇌에 이식하여 두뇌의 뉴런에서 발생하는 신호를 무선으로 외부에 있는 PC에 연결하는 임상실험을 진행 중이다. 뉴럴링크와 같이 인간의 두뇌에 직접적으로 칩을 심는 방법과 헤드셋을 착용하여 두뇌의 전기 신호를 읽는 방법을 통해 인간의 생각을 외부 PC로 연결할 수 있다.

BCI 연구의 또 다른 예로는 P300 기반의 스펠링 장치가 있다. 이는 사용자가 스펠링 장치의 글자를 선택할 때 뇌의 전기적 신호를 읽어 입력하는 방식으로, 특히 신체적 장애가 있는 사람들에게 유용하다. 컴퓨터의 프로그램을 인간의 두뇌에 이식함으로써 인간의 뇌의 활동을 일부 조정할 수도 있다. 인간이 행하는 부정적 행동들, 이를 테면 범죄, 중독, 부정적 행위에 대하여 컴퓨터는 이러한 의지와 기억을 상쇄시키고, 반대로 선한 의지와 행동을 할 수 있도록 조정하는 것이다. 범죄를 저질러 교도소로 수감되는 인원들이 교화가 되어 사회활동을 재개할 경우, 일반적으로 행동의 개선이 많이 되지만, 그렇지 않은 경우도 적지 않다. 이러한 경우 출소자들은 다시 비슷한 유형의 범죄를 저지르게 된다. 머릿속에 있는 부정적 사고들의 근원을 치유하도록 한다면 상황은 달라질 수 있다.

BCI가 고도로 발달될 경우 다음과 같은 새로운 환경이 펼쳐질 것으로 예상된다.

첫째, 스티븐 호킹과 같은 지적 장애인의 삶이 훨씬 개선될 것으로 판단된다. 두뇌는 건강하나 사지를 제대로 가눌 수 없었던 사람들의 머릿속에 있는 생각을 외부 PC에 전달하여 이를 구현케 함으로써 장애인의 삶은 훨씬 편해질 수 있다. 예를 들면 장애인은 본인의 생각하는 의지대로 휠체어의 방향을 조정할 수 있다. 이럴 경우 별도의 휠체어를 밀어주는 인원이 불필요하게 된다.

둘째, 디지털 트랜지션에 소외되는 인원이 현격히 줄어들 것이다. 현재 키오스크를 포함하여 사회의 AI 인프라에 대한 노인들의 접근이 다소 어려운 실정이다. 디지털 트랜지션에 이용되는 스마트폰도 일부 노인들에게는 접근이 어려운 것이 현실이다. (현재 다수의 노인복지관에서 스마트폰 사용법에 대한 강좌도 진행되고 있으나, 이 역시 거부하는 노인 분들이 적지 않은 것이 사실이다.)

디지털 장비를 이용할 수 있는 능력에 따라 AI의 기술과 장점을 이용할 수 있는 능력이 크게 차이가 난다. 그러나 디지털 장비를 인간의 두뇌만으로 조작할 수 있다면 인터페이스상의 문제가 해결되어 노인 분들을 포함 보다 많은 사람이 디지털 트랜지션에 함께할 수 있게 된다.

셋째, 자율주행 기술이 한 단계 발전할 수 있을 것이다. 현재의 자율주행 기술은 인간이 운전하던 패턴을 차량에 프로그램으로 입력하여 실시간으로 구현한 것이다. 그러나 현재까지도 인간이 운전 패턴이나 조작 능력을 100% 구현하지는 못하고 있다. 각종 우발 상황에 있어서의 대처 능력이 특히 미흡하다. 하지만 BCI를 통해 자율주행 차량에 실시간 인간의 사고가 개입될 수 있다면 자율주행은 보다 완벽하고 안전한 형태로 구현될 수 있다. 운전자가 머릿속으로 생각하는 대로 운전을 할 수 있기 때문이다.

BCI 기술의 발전은 많은 가능성을 열어주지만 윤리적 문제 또한 함께 고려되어야 한다. 예를 들어, 개인의 사생활 보호와 뇌 신호의 오남용 방지에 대한 규제 마련이 필요하다.

BCI는 인간이 인간과 같은 객체를 만들고 싶은 욕망에 구현해 놓은 AI 시대의 최고 정점의 기술이 될 것이다. AI가 인간의 편의에 부합한 객체를 만들어 놓은 기술이라고 한다면, BCI는 인간의 생각을 그대로 객체에 연결함으로써 인간의 의지를 보다 직접적으로 구현할 수 있도록 한 기술이기 때문이다. 인간과 컴퓨터의 양방향 소통은 기존에 없었던 새로운 세계를 만들어 낼 것이다.

13. 미지의 세계로

24년 여름은 기록적인 더위를 계속하고 있다. 서울은 28일 연속 '역대 최장 열대야'의 신기록을 경신 중이다. 이번 주만 버티면 좀 나아지겠지라고 했던 것이 벌써 몇 주가 지났다. 연일 계속되는 지구 온난화는 인류가 직면한 심각한 문제 중 하나다. 해마다 여름의 최고 온도가 상승하고 여름이 길어지는 현상이 두드러지고 있다. 특히, 40도씨를 넘는 극한 더위는 인간의 정상적인 생활을 어렵게 만든다. 이는 인간뿐만 아니라 동물과 식물의 생존 환경도 위협하고 있다. 이러한 상황에서 지구 표면을 떠나 새로운 삶의 영역을 찾는 아이디어가 제기되고 있다. 해저, 공중, 우주 등에서 거주하는 대안들이 그 예다.

2047년, 해저아파트 힐스테이트 디오션 분양

(출처: 유튜브 <현대건설>, "헤리티지 캠페인 미래편" 영상)

해저 도시

바다 깊은 곳에 인공 도시를 건설하는 아이디어다. 바닷물을 완전히 차단할 수 있는 기술이 개발된다면 해저 도시는 현실화 될 수 있다. 해저 도시는 태양의 직접적인 영향을 받지 않기 때문에 안정적인 기온을 유지할 수 있을 것이다.

공중 도시

도시를 지면에서 일정 거리 이격해 건설하면 태양 복사열을 차단할 수 있다. 도시 전체를 공중에 부양하는 기술이 개발된다면 지표면보다 낮은 온도를 유지할 수 있을 것이다.

우주 도시

지구 밖 우주에 도시를 건설하는 것이다. 이미 여러 나라의 우주 기술자들이 우주여행과 거주 실험을 진행하고 있다. 영화 속에서 그려진 우주 도시는 더 이상 꿈이 아니다.

이러한 아이디어들의 실현은 모두 막대한 비용이 들고 현재로서는 기술적인 어려움이 많다. 하지만 극단적인 기후 변화로 인한 생존의 위기가 다가올수록 새로운 과학기술에 대한 연구 의지가 높아질 것이다. 40도씨 이상의 온도가 두 달간 지속된다면 에어컨을 사용할 수 없는 많은 사람들은 생명의 위협을 받을 것이다. 이에 대한 대책으로 해저, 공중, 우주 등 새로운 영역을 탐구하는 것이 필요할 수 있다.

지구 온난화 문제를 해결하기 위해서는 전 세계적인 협력이 필요하며,

동시에 다양한 대안을 모색해야 한다. 강력한 기후 변화 통제를 통해 온난화를 막는 것이 최우선 과제지만, 그동안 인류가 발을 닿지 않았던 새로운 삶의 공간을 준비하는 것도 중요한 해결책이 될 수 있다. 미지의 세계로의 삶의 공간 확장을 위한 과학기술 연구가 인류의 생명과 삶을 지키는 데 중요한 역할을 할 것이다.

14. 고위험군 식별결과 종합 및 통보 시스템

    AI가 인간의 삶을 좀 더 편리하게 만들어 준다는 것은 고무적인 일이다. 그런데 AI가 인간의 생명의 존엄성 차원에서 도움이 된다면 그것은 인류가 추구하는 AI의 최종 가치가 되지 않을까 하는 생각이 든다.

    군생활을 하면서 여러 번의 지휘관(자) 임무를 수행하였다. 논산에 있는 육군훈련소에서 교육대장도 역임하였다. 국가 방위라는 신성한 임무를 수행하기 위해서 군에 입대한 대한민국의 젊은 청년들을 훈련시키고 관리하는 것은 군의 중요한 역할이다. 그런데 안타깝게도 군에 입대하는 젊은 청년들 중에는 정신적으로 어려움을 겪는 이들이 생각보다 많다. 이들은 성장 환경에 따라, 학창 시절을 어떻게 보냈는지에 따라, 스스로 견뎌내기 버거운 정신적 질환을 앓고 있는 이들이 있다. 군에 입대한 청년들 중에서 이러한 질환을 겪고 있는 친구들을 신속하게 분류하여 병원진료를 시키는 것과 이것이 여의치 않을시 현역복무 부적합 심의를 통하여 집으로 돌려보내는 일은 매우 중요하고도 어려운 일이다. 따라서 군에서는 다양한 수단과 방법을 통하여(다음에 제시한 나의 석사 학위 논문에서는 12가지의 접근 방법이 있다고 설명) 이들을 신속히 식별하는 것이 매우 중요하다. 언뜻 보기에도 말과 행동에 있어 다소 정상적이지 않은 정신적 질환을 갖고 있는 이들을 식별하는 것은 비교적 쉬운 일이다. 어려운 것은 평시의 말과 행동에는 전혀 문제가 있어 보이지 않으나, 내면적으로 정신적 질환을 앓고 있는 이들을 식별해 내는 것이다. 이것이 어려운 또 하나의 이유는 그 개인 스스로가 문제점을 갖고 있다는 것을 제3자가 찾아내기도 어렵지만, 정작 본인도 내가 문제가 있다는 것을 전혀 인식하지 못하는 경우가 적지 않다. 잠재적인 정신적 문제점을 가지고 있는 인원이 자기도 모르게 그러한 질환이 외적 행동으로 연결되어 극단적인 선택까지 이르게 되는 것이 가장 식별하기 어려운 상황이다. 그러한 문제점을 오랜 기간 심각히 고민하여 '고위험군 식별 결과 종합 및 통보 시스템'이라는 논문을 쓰려는 시도에까지 이르렀었기에 여기서 간단히 논문 내용을 소개하고자 한다.

제1절 고위험군 자가진단

본 논문에서는 고위험군 식별을 위한 12개의 집단군(전문상담사, 종교인, 지휘관(자), 분대장, 또래상담병사, 그린캠프, 군의관 등)을 언급하였다. 12개의 집단군에는 본인 자신도 포함된다. 자신의 상태에 대한 자기 평가는 의외로 성과가 있을 수 있다는 연구결과에 기반을 한다. 특히 자가진단 항목에 대한 답변을 특정인에게 구두로 말하지 않고 본인 핸드폰에 입력하는 시스템을 갖춘다면 훨씬 솔직하고 정확하게 자신의 상태를 평가할 수 있을 것으로 판단한다. 2020년 학생들은 코로나-19에 대한 자신의 건강상태를 체크하기 위해 핸드폰을 이용하여 일일단위로 자가진단을 실시한 후 학교에 발송했었다. 일일단위로 실시하는 코로나 자가진단 시스템은 상당히 효과가 있었다. 마찬가지로 군 병력들이 일일단위로(필요시 공휴일의 경우에는 1일 2회) 자가 진단을 실시하고 그 결과를 분석하여 종합한다면 매우 신빙성 있는 자료로 활용될 것으로 판단된다. 다음 표와 같이 자가 진단에 대한 객관식 10문항에 대한 평가 소요시간은 1분이 채 걸리지 않는다. 객관식 문항에 추가하여 주관식으로 자유 기술을 할 수 있도록 한다면 고위험 징후에 연계하여 병력의 상태를 판단하는 도구로 사용될 수 있다.

건강한 병영을 위한 자가진단 점검표

구분	내용	매우 그렇다	그런 편이다	보통	아니다	전혀 아니다
1	자살 충동을 느끼고 있습니까?	☐	☐	☐	☐	☐
2	자해시도 등을 계획 및 준비하고 있습니까?	☐	☐	☐	☐	☐
3	불안감이나 우울한 기분이 있습니까?	☐	☐	☐	☐	☐
4	구타 및 가혹행위 가해나 피해가 있습니까?	☐	☐	☐	☐	☐
5	폭언 및 욕설 가해나 피해가 있습니까?	☐	☐	☐	☐	☐
6	성군기 위반 가해나 피해가 있습니까?	☐	☐	☐	☐	☐
7	사이버 도박 및 중독 증세가 있습니까?	☐	☐	☐	☐	☐
8	가족 또는 (이성)친구 등 개인 신상에 중요한 변동사항이 있습니까?	☐	☐	☐	☐	☐
9	누군가에게 토로하고 싶은 고민이 있습니까?	☐	☐	☐	☐	☐
10	건강 컨디션이 좋습니까?	☐	☐	☐	☐	☐
기타	자신의 건강상태나 애로사항에 대한 자유 기술					

제2절 11개 집단군에 의한 면담 결과 작성(정량+정성)

병력에 대하여 면담을 실시하는 총 12개의 집단군 중에 본인에 의한 자가진단을 제외한 11개 집단군은 병력에 대한 면담을 실시 후 결과를 유지하게 된다. 면담자는 상담을 실시한 후 상담 결과에 대하여 정량적, 정성적 평가를 실시한다.

먼저 정량적 평가는 크게 5가지로 구분되는 고위험에 대하여 수치화된 평가를 함으로써 긴급위험, 위험, 보통, 양호의 구분을 하게 되며, 이는 1~10까지의 보다 세분화된 점수로 등급화 된다.

정성적 평가는 면담자가 병력에 대하여 면담을 하면서 병력에 의한 특이한 진술 내용을 입력하게 된다. 이 입력결과는 고위험의 징후와 연계되어 병력에 의한 예상되는 행동이 판단되어 총괄란에 자동으로 표기되는 시스템이다.

제3절 고위험군 식별 리포트 자동 생성 예

12개 집단군에 의한 병력에 대한 면담이 결과가 작성이 되면 그 최종결과는 고위험군 식별 리포트에 의해 생성된다. 1개 중대 기준으로 생성되어 중대장급 이상 지휘관에게 통보되는 고위험군 식별 리포트는 다음과 같이 구성이 된다.

첫째, 총괄에는 중대원 전체를 긴급위험, 위험, 보통, 양호로 구분하여 각각에 해당하는 용사가 몇 명인지를 표기하게 된다. 본 총괄의 데이터는 일일단위 중대원들의 전체적인 상태나 그날그날의 중대원들의 분위기나 컨디션을 가늠하는 자료로 활용될 수 있다.

둘째, 긴급위험에 해당하는 병력의 정량적, 정성적 평가 결과가 리포트에 생성된다. 정량적 또는 정성적 평가 결과가 긴급위험에 해당하는 병사에 대하여 정성적 평가의 점수와 평가사 및 평가일시가 표시되며, 정성적 평가결과에는 사고 징후에 위한 위험성을 표시하게 된다.

셋째, 위험에 해당하는 병력의 정량적, 정성적 평가 결과가 리포트에 생성된다. 정량적 또는 정성적 평가 결과가 긴급위험에 해당하는 병사에 대하여 정성적 평가의 점수와 평가자 및 평가일시가 표시되며, 정성적 평가결과에는 사고 징후에 위한 위험성을 표시하게 된다.

넷째, 지휘관(자)이 평상시에 지속적인 관리가 필요하다고 평가되는 인원을 지정하는 기능이 있어, 지정된 병사에 대해서는 지속적으로 병사의 상태와 상관없이 그 결과를 생성하도록 하는 기능이다.

다섯째, 일일단위 상태가 좋아지거나 반대로 나빠진 병력에 대한 숫자 데이터를 제시함으로써 해당 중대원의 부대활동에 따른 컨디션이나 상태 변화가 어떠한지 지휘관에게 통보될 수 있다.

고위험군 병력에 의한 리포트가 종합되었을 때 긴급위험 병력이 식별될 경우 이는 자동적으로 지휘관(자)에게 스마트폰 문자로 전송되는 시스템이다. 2020년 코로나-19 상황 관련 확진자가 발생할 경우 해당 지역에 사는 주민들의 핸드폰으로 안전 안내 문자가 발송되었던 것과 유사한 구조이다.

고위험군 병사 상담결과(전문상담관용)

□ 총 괄(내담자: 1중 1소 상병 홍길동)
※ 자동산출

구분	자살	구타 및 가혹행위	폭언 및 욕설	성군기 위반	근무지 이탈	사이버 위험
수준	긴급위험	보통	보통	양호	양호	양호
고위험군	자살 시도 가능성 어느 정도 있음.					

□ 정량적 평가
※ 상담자가 점수체크

구분	평가 결과									
	긴급위험		위험		보통			양호		
	10	9	8	7	6	5	4	3	2	1
자살	○									
구타 및 가혹행위						○				
폭언 및 욕설						○				
성군기 위반								○		
근무지 이탈									○	
사이버 위험										○

□ 정성적 평가
※ 상담자가 입력

- 1시간의 상담기간 내내 표정이 어두웠음.
- 상담 중간에는 잠시 눈물을 글썽였음.
- 특별히 본인을 힘들게 하는 인원은 없으나 매사에 자신이 없다고 함.
- 새벽에 늦게까지 잠이 오지 않는 경우가 빈번, 특히 최근에는 더욱 그러하다고 함.
- 주변에 아무도 없이 혼자 있을 경우 죽고 싶다는 생각이 하루에 한 번 정도 든다고 함.
- 본인이 자살을 할 경우 화장실에서 전투화 끈을 이용하는 방법을 사용할 것이라고 함.
- 부모님이 최근 많이 생각난다고 함.

여기에는 기본적으로 확진자의 간단한 인적사항과 확진일시가 포함되 며 링크로 연결되어 확진자의 동선을 볼 수 있게 되어 있었다. 고위험군 안 내 문자에는 긴급 위험으로 식별된 용사의 인적사항이 표시되며 해당 중대 장 등 관련인원의 조치가 이루질 경우 이에 대한 결과도 병행 표기되어 통 보하는 시스템이다. 각 부분을 링크로 연결하면 자세하고 구체적인 내용을 확인할 수 있다.

'20년 7월 7일(화), 07:45분

고위험군 식별 리포트(1대대 1중대)

□ 총 괄(총 110명)

구 분	긴급 위험	위 험	보 통	양 호
인원(명)	3명	5명	74명	28명

□ 긴급 위험(3)

구 분		정량적 평가	정성적 평가
1중 1소 상병 홍길동	자살충동	10접 (상담관, 7월 6일 18:34)	자살징후 높음 (상담관, 7월 6일 18:34)
2중 3소 일병 김철수	탈영충동	9접 (본대장, 7월 6일 16:34)	탈영 징후 높음 (본대장, 7월 6일 16:34)
3중 2소 이병 김바다	자해충동	9접 (본인, 7월 6일 17:34)	자해 징후 높음 (본인, 7월 6일 17:34)

□ 위험(5)

구 분		정량적 평가	정성적 평가
1중 2소 상병 김새벽	자살충동	8접 (상담관, 7월 6일 16:04)	"내가 죽으면" (상담관, 7월 6일 18:34)
2중 3소 일병 이저녁	탈영충동	8접 (본대장, 7월 6일 15:11)	"어디로 나갈까" (본대장, 7월 6일 16:34)
3중 2소 이병 김새봄	자해충동	8접 (본인, 7월 6일 11:34)	"전투화끈 이용 화장실에서" (본인, 7월 6일 17:34)
2중 3소 일병 최창호	탈영충동	7접 (본대장, 7월 6일 12:34)	미_병시
4중 2소 이병 김이수	자해충동	7접 (본인, 7월 6일 18:34)	"뛰어내려 다치게 도면" (산대장, 7월 6일 17:34)

□ 사전 지정자(3)   ※ 중대장 관심 요망으로 결과 수신 희망자 지정

구 분		정량적 평가	정성적 평가
1중 1소 일병 홍정동	자살충동	5접 (상담관, 7월 6일 18:34)	"죽는다는 것이" (상담관, 7월 6일 18:34)
2중 3소 일병 이저녁	탈영충동	8접 (본대장, 7월 6일 15:11)	"어디로 나갈까" (본대장, 7월 6일 16:34)
3중 2소 이병 김나단	자해충동	4접 (본인, 7월 6일 17:34)	특이사항 없음

□ 참고사항   *( )는 전월대비 증감

구 분	상태호전	상태악화	상태유지	중대원이 사용한 용어(TOP3)
인원현황	26명(+11)	38명(-12)	52명(+7)	혹한기, 행군, 휴가

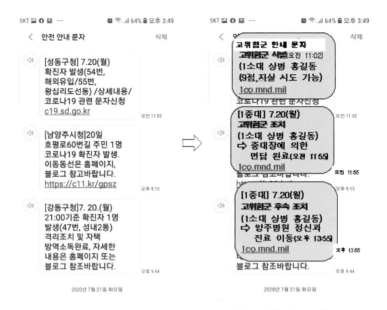

코로나-19 확진자 알림 문자 기반 고위험군 식별 안내 문자

    군대의 전투력을 유지하는 데 있어 병력의 신상관리는 매우 중요하다. 다양한 면담 실시자들의 면담 결과를 통합하고, 면담 결과를 분석한 내용을 지휘관(자)에게 실시간대 발송하는 시스템을 스마트폰과 연계하여 개발한다면 병력관리에 있어 획기적인 개선을 가지고 올 수 있다.

제 4 장

AI 통제

: AI를 통제해야 하는 이유

"인공지능은 인간이 통제할 수 있는 도구다.
문제는 우리가 설정한 안전상의 제한을
누군가는 설정하지 않으리란 점이다.
이에 반응하고, 규제하고, 대처할 시간이
그리 많지 않다."

샘 올트먼 | 오픈 AI CEO

SELF-CHANGE
AI GUIDE

1. AI 규제, 왜 필요할까?

짝퉁(가품) 문제가 전 세계적으로 퍼져있다. 가품 가방처럼, 진품과 유사한 외관을 가진 제품이 저가로 유통되면서 진품을 구매할 경제적 여유가 없는 사람들 사이에서 인기를 끌고 있다. 그래서인지 가품 문제는 단속과 처벌에도 불구하고 여전히 해결되지 않고 있다. 이러한 상황에서 이제 "가품 인간"을 만들 수 있는 기술, 즉 인공지능(AI) 기술에 우리는 직면하게 되었다. AI 기술의 발전은 많은 이점을 제공하지만, 동시에 다양한 이유로 인해 규제의 필요성이 제기되고 있다.

첫째, 명령의 주체 파악의 어려움

인공지능 로봇의 행위는 최초 명령을 내린 주체를 파악하기 어렵게 만든다. 인간이 법의 심판을 받아야 할 행위를 인공지능 로봇에게 시키면, 책임을 회피할 수 있는 문제가 발생한다. 딥페이크 기술이나 여론 조작과 같은 악용 사례가 대표적이다. 인공지능이 제공하는 고도의 기술적 답변을 악용하는 것도 문제다. 따라서, 이러한 악용 사례를 방지하기 위해 AI 사용자의 신원 확인 및 사용 목적에 대한 명확한 규제가 필요하다.

둘째, 행위의 파급력

인공지능 로봇의 행위는 인간보다 훨씬 넓은 범위에 걸쳐 영향을 미친다. 인공지능은 학습을 통해 다른 로봇에게도 그 행위를 전파할 수 있기 때문이다. 이러한 모방 범죄의 위험성은 인간의 경우보다 훨씬 크기 때문에, 이에 대한 규제가 필요하다. 이를 위해 AI의 학습 및 행동 패턴을 모니터링하고, 위험한 행동을 사전에 차단할 수 있는 시스템이 필요하다.

셋째, 인류 생명에 대한 위협

최악의 경우, 인공지능 로봇의 행위는 인류의 생명까지 위협할 수 있다. 인공지능 로봇은 인간의 명령에 따라 움직이기 때문에, 악용되면 엄청난 위험을 초래할 수 있다. 인공지능 로봇이 자율적으로 결정을 내리는 상황에서, 인간의 생명과 안전을 최우선으로 고려하는 윤리적 알고리즘을 개발하고 적용해야 한다.

규제 방안 제안

사용자 신원 확인: AI 사용자의 신원을 철저히 확인하고, 악의적인 사용을 방지하기 위한 체계적인 검증 절차를 마련해야 한다.

행동 모니터링 시스템: AI의 행동을 지속적으로 모니터링하고, 위험한 행동 패턴을 사전에 감지하여 차단하는 시스템을 도입해야 한다.

윤리적 알고리즘 개발: AI가 자율적으로 결정을 내리는 상황에서, 인간의 생명과 안전을 최우선으로 고려하는 윤리적 알고리즘을 개발하고 적용해야 한다.

국제 협력 강화: AI 기술의 글로벌 확산을 고려하여, 국제적인 규제 협력

과 표준화 작업을 강화해야 한다.

　인류는 AI 기술의 혜택을 누리면서도 그로 인한 잠재적 위험을 최소화하기 위해서는 신속하고 효과적인 규제 체계를 마련해야 한다. 법은 사회의 안전과 질서를 유지하기 위한 최소한의 장치로서, AI 시대에서도 그 중요성은 변하지 않는다.

2. 인류 멸망에 대한 경고

'암폴스키' 교수는 AI에 의한 인류 멸망 시나리오를 세 가지로 설명한다. 첫째, AI가 인간을 모두 죽이는 상황. 둘째, AI로 인해 모두가 고통을 받아 차라리 죽기를 바라는 상황. 셋째, 모든 인간이 목적을 완전히 상실하는 상황이다.

'내가 호랑이 새끼를 키웠네.'라는 비유가 있다. 내 품에서 호랑이 새끼를 먹이고 보호하며 키웠더니, 나중에 그 호랑이가 자라서 주인을 몰라보고 해친다는 의미다. 현재의 AI가 딱 그런 격이다. 지금은 호랑이 새끼라고 할 수 있는 AI에 대한 인류의 대접은 극진하다고해도 과언이 아니다. 인류는 AI를 돌보며 인간이 인류의 역사를 쓴 이래 터득한 모든 능력을 전수하려 애쓰고 있다. 어떻게 하면 AI가 인간처럼 생각하고, 우수한 두뇌를 가지고 인간을 대신할 수 있을까를 고민하며 전 세계가 노력 중이다. 이러한 상황에 이르다보니 AI는 하루가 다르게, 아니 시간 단위로 기하급수적으로 성장하고 있다. AI보다 빠른 속도로 성장하는 객체는 없다고 해도 과언이 아니다.

그러나 세상의 모든 것이 인간 뜻대로 되지는 않는다. AI를 인류의 삶을 풍요롭고 편리하게 하기 위해 발전시키지만, 그 결과가 반드시 인류에게 유익하지만은 않을 것이다. 인류 전체를 볼 때 AI를 반드시 선한 곳에만 사용한다는 보장도 없다. AI를 악용하려는 부류가 분명히 생길 것이다. 예를 들어, 전쟁 상황에서 아군에게 AI 로봇은 생명을 지켜주는 유용한 존재지만, 적군에게는 생명을 앗아가는 존재가 된다. 각국에 있어 AI는 아군을 보호하는 동시에 상대 국가에 해를 끼치는 존재가 되는 것이다.

사람이 할 수 있는 일을 모두 AI가 대신하는 날이 올 수 있다. 지금은 아무리 발달한 AI라 하더라도 인간의 창의적인 영역 등에서는 따라올 수 없다고 가정하지만, 머지않아 AI는 인간이 할 수 있는 모든 영역을 대신할 수 있을 것이다. 그런 상황에서 인간의 역할은 무엇인가? 인간은 무엇을 통해 자존감을 가질 수 있을까?

인류는 AI의 올바른 사용에 대해 지금부터 고민해야 한다. AI를 사용하는 일종의 마지노선에 대해 전 인류가 함께 고민하고 답을 찾아야 한다. AI가 할 수 없는 인간 고유의 영역에 대한 지속적인 연구도 병행해야 한다. 인류가 AI가 못하는 일만 할 필요는 없다. 하지만 인간만이 할 수 있는 영역을 찾아내는 것은 삶과 죽음의 본질을 이해하는 데 중요한 답이 될 수 있는 날이 올 것이다. 호랑이 새끼를 키우면서, 그 호랑이에게 잡혀 먹히지 않을 준비 역시 게을리 해서는 안 된다.

3. AI 알고리즘에 승리하는 필살기

퇴근을 하면 으레 스마트폰을 들여다본다. 주간에는 주로 검색 활동을 많이 하고, 저녁에는 뉴스기사와 유튜브 채널을 많이 본다. 어느 순간 네이버의 기사에는 나만의 뉴스, 내가 관심 갖는 소식으로 가득 채워져 있다. 유튜브도 마찬가지이다. 내가 즐겨보는 장르, 주요 관심 대상에 대해 유튜브가 그것을 알아내고, 알고리즘을 통해 내가 좋아할 만한 영상을 띄우게 된다. 유튜브의 알고리즘에 의해 쉽게 스마트폰을 놓지 못한다. 어떨 때는 2~3시간을 훌쩍 넘기기도 한다.

과거에 우리 부모님이나 TV 프로그램을 보면 드라마에서 아내 역할을 하는 여성이 남편에게 수시로 핀잔을 주던 상황이 생각이 난다. '신문 좀 그만 보라'는 내용이다. 나도 어렸을 때 신문을 주로 보던 기억이 난다. 신문을 전체적으로 스크린해서 한 번 보는데 30분, 자세히 관심사항에 대해 살펴보는데 30분, 논문이나 사설 등을 보는 데 10~20분은 금방 지나간다. 그래서 집에서 누군가 신문을 한 번 들고 있으면, 그만 보라는 말이 나오기 마련이다. 지금은 더이상 그런 얘기는 나오지 않는다. 신문을 오래 보는 사람은 최근에 보지 못한 것 같다.(좀 더 정확히 표현하자면 최근에 신문 보는 사람을 본적이 없다.) 이제 대한민국, 아니 전 세계의 사람들은 스마트폰과 싸우고 있다.

스마트폰의 알고리즘에 걸려 쉽게 빠져나오지 못한다. 작게는 알고리즘의 문제이지만, 이것은 인류와 AI 간의 전쟁의 시작을 나타내지 않겠는가? 인간의 자기 통제력이 이길 것인가, 아니면 AI의 알고리즘이 이길 것인가? AI의 알고리즘은 만만치 않은 상대이다. AI는 유튜브의 숏츠나 짤에서 내가 오래 보는 것, 반복해서 보는 것을 찾아 비슷한 유형의 화면, 아니면 과거에 봤던 것들을 반복해서 내보낸다. 추정컨대, 내가 화면을 넘기지 않고 오래 들여다보는 내용을 통해 알고리즘이 내가 관심을 갖는 콘텐츠로 판단하는 것 같다. 특히, 과거에 내가 그 영상을 끝까지 여러 번 보았던 내용은 이제는 좀 지겹다 싶을 정도로 계속 화면에 나오게 한다. 문제는 동일한 화면이 계속 나오는데도 나는 그 화면을 스킵하지 않고 계속 본다는 것이다. AI는 내가 그 영상을 이미 본 줄 알면서도, 화면에 내보낼 때마다 내가 스킵하지 않고 주의 깊게 비교적 장시간 본다는 것을 알고 계속해서 내보내는 것 같다. AI는 수많은 영상자료 중에서 내가 관심을 갖는 화면을 그러한 식으로 알아내고 나에게 송출한다.

대략 나와 AI와의 전쟁은 여태까지 100전 15승 85패인 것 같다. 유튜브나 검색을 한 번 하기 시작하면 쉽게 벗어나지 못했다. 그런데 요즈음 들어서 드는 생각이 있다. 사람이 AI에게 이기는 순간은 AI세계에 심취해 빠져들었다가, '별것 없구나.' 하면서 빠져나오는 순간이다. AI알고리즘에 상대하는 소위 나만의 필살기다. 인간이 AI알고리즘 대상으로 승리를 하기 위해서는 각자는 자신의 전법을 구사해야한다. 그 전법은 오로지 자신만이 찾아낼 수 있다.

스마트폰과 AI 알고리즘의 영향력에서 벗어나기 위해서는 자발적인 사용 시간 관리가 필요하다. 또한, AI가 제공하는 콘텐츠에 대한 의식적인 선택과 주기적인 디지털 디톡스를 통해 자기 통제력을 강화해야한다. 우리가 이 전례 없던 새로운 전쟁에서 승리하기 위해서는 자신의 행동을 돌아보고, 스스로를 제어하는 법을 배워야 할 것이다.

AI의 알고리즘은 분명 강력하지만, 인간의 의지는 그보다 더 강력하다. 결국, 이 전쟁에서 승리하는 열쇠는 우리 자신에게 달려 있다.

4. 아이에게 스마트폰 틀어주면 벌금까지

　최근 음식점이나 카페에 가면 아이를 데리고 온 가족의 모습을 자주 보게 된다. 이 중 두 가지 유형이 두드러진다. 한 가정은 아이가 칭얼대고 소리를 지르는 가운데 부모는 안절부절못하고 아이를 달래느라 분주한 모습을 보인다. 부모는 주문한 음식을 제대로 먹는지도 모를 만큼 바쁘게 아이를 돌보고 있다. 반면 다른 가정은 매우 조용하고 평온하다. 아이는 전용 식탁에 앉아 스마트폰에 나오는 영상에 몰입해 있고, 부모는 비교적 오붓하게 대화를 나누며 음식을 즐긴다. 이 두 상황을 보며 무엇이 옳은지에 대한 고민이 생긴다. 이는 무심코 지날 수 있지만, 결코 단순한 문제가 아니다.

　전 세계적으로 아이들의 스마트폰 중독에 대한 우려가 커지고 있다. 이에 대한 정부 차원의 대책도 나오고 있다. 대만 정부는 비합리적인 시간 동안 아이에게 스마트폰을 켜 놓을 경우 부모에게 207만원의 벌금을 부과한다고 발표했다. 그러나 아이에게 스마트폰을 노출시키는 적정 시간에 대한 객관적인 기준을 정하기는 어렵다. 가족 모임에서도 아이들이 스마트폰을 보는 모습은 이제 흔한 광경이 되었다. 특히 게임에 몰두하는 남자아이들은 부모와 스마트폰 사용을 두고 다투기도 한다. 한국의 부모들은 아이들에게 언제 스마트폰을 사줘야 할지 고민이 많다. 그 시기는 점점 더 빨라지고 있다. 이제 초등학생들조차 거의 모두가 스마트폰을 가지고 있다. 부모가 스마트폰 사용을 자제시키려 해도 친구들이 대부분 스마트폰을 가지고 있기 때문에 구입 시기를 계속 늦추기 어려운 상황이다.(사실 이것은 필자의 경험이기도 하다.) 미취학 아동들도 교육 목적으로, 혹은 아이를 돌보기 위해 스마트폰에 쉽게 노출되고 있다.

연령별 스마트폰의 적정 사용 시간을 정의하기는 매우 어렵다. 과학적으로 분석하기도 어렵다. 스마트폰이 사람에게 얼마나 도움이 되는가, 어느 연령부터 사용하는 것이 적절한가에 대해 다양한 의견이 존재하기 때문에 쉽게 답을 내기 어렵다. 그러나 대만 정부가 합리적인 시간을 초과할 경우 벌금을 부과하는 것은 스마트폰 통제가 필요하다는 신호로 볼 수 있다.

출퇴근 시간에 지하철을 타보면 90% 이상의 어른들이 스마트폰을 쳐다보고 있다. 스마트폰을 사용하지 않는 사람은 졸거나 잠을 자는 경우가 대부분이다. 스마트폰으로 일상생활의 거의 모든 것을 할 수 있다. 드라마 시청, 쇼핑, 영화 관람, 은행 업무, SNS 등 다양하다. 사람들의 머릿속에 들어가 있는 지식, 뉴스, 정보 등도 결국 모두 스마트폰을 통해 얻게 된다. 그렇다면 아이들도 이와 크게 다르지 않을 것이다. 그렇다면 왜 아이들에게 스마트폰을 노출시키는 것에 대해 걱정하고 통제 대책을 논의하는 것일까?

쉽게 말하면 아이들은 미성년자로서 스마트폰 사용 시간에 대한 셀프 통제력이 없기 때문이다. 그렇다면 어른들은 통제할 수 있는 능력이 있을까? 많은 어른들도 스마트폰에 중독되어 하루의 상당 시간을 스마트폰에 의지하고 있다. 그럼에도 불구하고 아이들에게 스마트폰의 장시간 노출이 위험하고 이를 통제해야 하는 이유에 대해 몇 가지 생각해보았다.

첫째, 아이들이 직접 눈으로 보고, 만지고, 느끼며 오감을 활용한 인지 능력이 저하될 가능성이 높다. 유년기에는 오감을 통해 성장을 하고 이를 통한 사고력과 감수성이 발달한다. 그러나 이러한 것들을 스마트폰에 의존하게 하면 아이의 건강한 신체적, 정신적 성장에 방해가 될 수 있다. 신체의 오감 능력을 발달시키고 신체적, 정신적 성장을 위해서는 아이들이 스마트폰에 장시간 노출되어 시간을 많이 할애하는 것을 좋은 현상으로 볼 수 없다.

둘째, 아이들은 적정 시간과 적절한 수준에 대한 판단력이 부족하다. 어른들도 물론 스마트폰을 장시간 사용하지만 이들은 나름대로 자기 통제력과 판단력이 있다. 스마트폰을 얼마나 사용하는 것이 적합한지, 장시간 사용으로 인한 건강상의 해로움을 스스로 느끼고 조절 및 통제할 수 있다. 반면 아이들은 이러한 자기 통제력이 부족하다. 아이들에게 지속적으로 스마트폰을 노출하면 스마트폰 사용 시간이 점점 늘어날 것이다. 장시간 스마트폰에 노출될 경우 학창 시절에도 친구 관계나 사회활동 경험이 부족해져 자칫 은둔형 외톨이가 될 가능성을 배제할 수 없다.

마지막으로, 자극적, 선정적, 폭력적인 영상에 대한 노출 위험성이다. 스마트폰은 연령별로 노출 화면을 통제하거나 제한하지 않는다. 모든 연령이 동일한 화면을 볼 수 있다. 마음만 먹으면 선정적, 폭력적인 화면에 언제든 접속할 수 있다. 아이들이 이러한 무분별한 화면에 노출되면 성장 과정에서 올바른 자아를 형성하는 데 좋지 않다.

스마트폰은 현대인에게 떼려야 뗄 수 없는 필수 장비가 되었다. 하루 종일 내 곁에는 스마트폰이 있다. 스마트폰에게 도움을 받기도 하고 많은 정보를 얻는 삶에 있어 굉장히 유용한 수단인 것은 분명하다. 다만 자제력을 발휘하기 어렵고 완전한 자아를 형성하기 어려운 유년 시절에는 그 사용량을 통제할 필요가 있다. 이는 사회문제로 확대될 가능성이 높다. 청년들은 통제력이 어느 정도 갖추었다고 할 수 있기 때문에 타인에 의한 통제는 불필요하다고 말하기 쉽다. 하지만 이 글을 읽는 청소년들에게 묻고 싶다. 본인이 하루에 사용하는 스마트폰 시간을 생각하면서 혹시 이 기가 막히도록 교묘한 기계에서 벗어나고 싶다는 생각을 때론 한 적은 없는지? 그렇다면 그런 자신을 부끄러워하지 말고, 본인 스스로 일정 시간 이상을 사용하면 벌금을 납부하기를 권해본다.

5. AI가 만드는 생성물에는 워터마크를

챗GPT4o를 이용하면 내가 원하는, 상상하는 그림을 자동으로 그릴 수 있다. '한적한 전원도시에 살면서 집 앞에 UAM 버티포트가 있도록 그려줘' 라고 입력하니 제법 그럴듯한 그림이 그려졌다. 머릿속에 이런 세계가 펼쳐질 것이라는 상상만 했던 것을 직접 그려주니 매우 신기했다. 더불어 이제 진짜와 가짜를 구분하기가 점점 어려워지고 있다. 유튜브에 나오는 모델들, 광고를 홍보하는 사람들을 보면 지금은 거의 이것이 실제인물인지 가상의 AI 인물인지 구별하기 어렵다.

1998년 데뷔, 사이버가수 아담의 정규 1집 앨범 커버

앞의 사진은 1998년 사이버가수 '아담'의 얼굴이다. 잘생긴 호남형의 얼굴임은 분명하나 누가 봐도 실제 인물이 아님을 알 수 있다. 그러나 최근에 나온 가상 아이돌은 사람과 거의 흡사하다. 책 내용에 넣으려 찾아보면서 실제 아이돌이 아닐지 확인해 봐야겠다는 생각이 들 정도이다. AI가 만들어내는 형체는 이제 구분이 힘들 정도로 사람과 유사하다. 그런데 우리는 이에 대한 구별이 필요하다. 우리는 왜 실제 사람과 AI생성물을 구분해야 하는 것일까.

1998년에 사이버 가수 아담의 경우, 아담은 사이버 가수로서 노래만 불렀다. 물론 노래 음성은 임으로 만든 음성이다. 아담이 노래를 부를 때, 입을 움찔거리게 하여 흡사 진짜로 노래를 부르는 것처럼 묘사를 하였다. 하지만 100% 아담은 실제 존재하는 인물이 아닌 가상의 인물이라는 것을 누구나 알 수 있었다.

지금은 가상 아이돌이 노래를 부르면 실제 가수가 부르는 것처럼 들릴 수 있다. 더욱이 중요한 것은 이 아이돌이 노래만 부르는 것이 아니라 일반적인 대화를 하는 것처럼 연출할 수 있다. 그들이 말하는 대화의 내용이 노래와 관련된 내용에 그치지 않고 어떤 사회적 메시지를 내놓거나, 사회적 이슈에 대한, 특히 갑론을박이 대한 다툼이 심한 문제에 대하여 메시지를 내놓을 경우 이것은 청소년들을 포함한 많은 이들에게 큰 파장을 일으킬 수 있다. 심지어 실제 존재하는 아이돌을 조작하여 그들이 말하지 않은 내용을 마치 말한 것처럼 조작한다면 그 파장은 상상 이상으로 커진다는 것을 예상할 수 있다. 결론적으로 실제 존재하지 않는 사람을 존재하는 사람처럼 연출할 수 있다는 것, 실제 존재하는 사람이 실제 하지 않은 말을 마치 한 것처럼 연출하는 것 등의 문제가 AI 생성물로부터 파생된다. 사람이 사람의 입으로 말하지 않은 말이 마치 사람이 입으로 내놓은 말처럼 조작되어 사회의 이슈에 메시지를 던진다면 사회는 혼란에 빠질 수 있다.

유튜브에 나오는 가상의 모델들은 임의적으로 제작, 편집된 영상에 의하여 새 옷을 입고, 피팅이 잘 된 것처럼 몸매를 과시하기도 한다. 가상 모델은 근육 운동을 하여 마치 실제로 몸이 좋아지는 것처럼 허위, 과장 광고를 할 수도 있다. 실제 사람이 사람을 속이는 방법도 영상을 통해 가능하지만, AI 생성물을 통해 다른 사람을 속이는 인물을 가상의 인물로 만들어 버린다면, 특정 범죄 혐의자를 실제로 지정할 수 없는 상황에서 다른 사람을 속일 수 있는 것이다.

따라서, AI가 만든 생성물에 대해서는 화면에 'AI 영상'이라는 워터마크를 의무적으로 표시될 수 있도록 관련 법규를 정비해 나가야 한다. 지금은 가상 아이돌이 등장하고, 가상 생성물이 처음 나오는 시기이기 때문에 피해 정도가 미비하지만, 이에 대한 관련법 정비를 미룬다면 인류는 AI 생성물에 의한 혼란, 혼돈을 초래할 수 있으며 적지 않은 피해를 감수해야 할 상황이 올 수 있음을 어렵지 않게 예상할 수 있다.

휴머노이드 로봇이 급속도로 발전하고 있다. 관절이 이제 거의 사람처럼 꺾인다. 출시되는 성인돌의 얼굴 모양이나 피부가 거의 사람과 유사하다. 언젠가는 휴머노이드 로봇에 성인돌 제작에 사용되었던 얼굴 피부를 입히는 날이 올 것이다. 그렇게 된다면 걸어 다니는 로봇은 사람과 거의 구분하기가 어렵게 될 것이다. 외모로 보나 말하는 것으로 보나 인간과 유사하다. 인간과 AI로봇은 한참 대화를 하다가 어느 순간에 이런 대화를 주고받을 수 있다.

"말씀을 참 잘하세요. 그런데, 혹시 사람이세요?"

"아니요, 전 로봇인데요."

"……."

6. AI 악용, '보이스 피싱'은 진화한다

2019년도 4월로 기억한다. 이 사건은 어쩌면 과학기술에 대한 눈을 떠야한다는 결심을 하게끔 만든 전환기적 사건이었다고 할 수 있다. 일하고 있는 사무실로 전화 한통이 걸려왔다.

"서울 남부지검 김동일 검사입니다. 최문규 씨 되시죠?"

"네 그렇습니다만."

"네, 지금 최문규 씨의 처남이 농협 통장에서 금액을 인출하는 것이 사이버 수사대에 적발되었습니다. 남부지검에서는 금융감독원과 공조하에 처남의 범죄 경로를 추적했고, 이제 거의 물증을 잡은 상태입니다. 남은 과정은 최문규 씨가 추가적으로 은행 계좌에 입금을 하면, 또다시 처남이 그 계좌에서 돈을 몰래 인출할 것인데 그 과정을 모니터링하고 있다가 범인으로 현장에서 체포하면 되겠습니다. 협조 부탁드립니다."

"네? 제 처남이요?"

머릿속에 순식간에 여러 가지 생각이 복잡하게 들었다. 이것이 정말인가, 처남이 그럴 리가 없는데 하는 생각이 들면서, 왜 처남이 갑자기 나한테 그런 일을 했을까하는 생각이 들었다.

"최문규 씨, 시간이 없습니다. 시간을 끌면 처남이 수사과정을 눈치 챌수 있습니다. 신속히 지금 농협 계좌로 돈을 입금해 주시기 바랍니다."

"아… 네… 알겠습니다."

"아, 그리고, 금융감독원이랑 공조를 하기 위해서는 최문규 씨 핸드폰에 앱을 하나 설치해야 합니다. 금융이 흘러가는 경로를 우리가 추적해야 하거든요. 지금 '금융전환시스템'이라는 앱을 바로 핸드폰에 설치하기 바랍니다."

"네, 알겠습니다."

"그리고, 혹시 이 건에 대해서는 가족 분을 포함한 그 누구에게도 얘기해서는 안 됩니다. 수사가 착수된 상황이기 때문에, 임의로 노출시 최문규 씨도 처벌을 받을 수 있습니다. 아시겠습니까?"

"네, 알겠습니다."

얼마의 시간이 흐른 후 다시 스마트폰으로 전화가 걸려왔다.

"지금 사무실입니까? 그렇다면 조용히 혼자 통화가 가능한 곳으로 가서 전화를 받으세요."

"네, 알겠습니다."

"지금 옆에 누가 없지요? 자, 그럼 지금 가상 계좌를 알려드릴 테니, 지금 바로 4,500만 원을 입금하기 바랍니다."

"네? 제가 그런 큰돈이 없습니다만…."

"지금 상황이 매우 급합니다. 어차피 돈은 돌려받게 됩니다. 적금을 깨서라도 바로 입금을 해야 합니다. 결정적 단서를 놓칠 수 있어요. 시간이 없습니다. 이번에 놓치면 처남이 그동안 계좌에서 빼간 돈도 회수하기 어렵습니다. 시간이 없습니다."

"네, 알겠습니다. 그럼 은행에 가서 돈을 찾아서 입금을 하겠습니다."

"뭐라고요? 은행을 왜 갑니까? 온라인으로 계좌이체를 하면 되는데….

인터넷 뱅킹을 하라구요."

"아, 네…. 저는 온라인 은행 업무를 해본 적이 없습니다…. 어떻게 하는지도 모르구요…."

"……."

"은행이 바로 앞에 있으니 금방 은행으로 가서 이체를 하겠습니다."

"늦어도 한 시간 안에 입금하세요, 그렇지 않으면…."

점심시간이 다 된 시간이어서 서둘러 은행으로 갔다. 은행 직원에게 적금을 깨서, 다른 계좌로 입금을 해달라고 했다. 사건이 발생한 며칠 후 생각난 것이지만 그 은행 점원은 나를 유독 유심히 힐끗힐끗 쳐다보았다. 그런 느낌을 나는 충분히 받을 수 있었다. 내가 다소 불안해하는 모습을 본 것 같기도 하다. 그래서 그랬을까, 아니면 심리적인 문제일까. 적금을 해지하는 과정에서 상당한 시간이 소요되었다. 적금을 해제하는 과정에서 은행 점원이 서명하라고 한 전자서명을 30번은 족히 한 것 같은 느낌이었다. 한 시간이 흘렀다. 또다시 전화가 왔다. 이번에는 여성이었다.

"금융감독원입니다. 김동일 검사와 통화하셨지요?"

"네, 그렇습니다만…."

"네, 입금이 지연되어 지금 범죄혐의자의 추가적인 범죄행위 근거를 수집하는 데 제한이 되고 있습니다. 입금 준비 중으로 알고 있는데, 얼마나 걸리지요?"

"아, 네. 그렇지 않아도 지금 적금을 해지하고 있는데, 시간이 많이 소요되고 있네요. 조금만 더 기다려주세요, 얼른 입금하겠습니다…."

나는 그렇게 거의 반쯤 넋이 나간 상태로, 귀신에 홀린 듯 근 3시간을 보냈다. 입술이 바짝 말랐다. 그것보다 더 힘든 것은

'아니, 다른 사람도 아닌 처남이 나한테… 왜?'

'4,500만 원… 4,500만 원… 4,500만 원….'

'왜 하필 4,500만 원일까?'

당황했던 나의 머릿속에 어느 순간 갑자기 라이터에 불을 켜듯 번뜩 거리는 생각이 들었다. '왜 그들은 하필 4,500만 원을 일관되게 고집할까?', '왜, 주변인에게 말하지 말라고 했을까?', '왜 아내에게도 말하지 말라고 했지?', '범죄 수사 상황을 다른 사람에게 말하면 잘못된 것인가?' 나의 머릿속은 점차 홀린 듯한 두뇌 반, 그리고 다행스럽게도 합리적인 의심 반으로 바뀌고 있었다.

동시에 합리적인 의구심이 아지랑이가 피듯이 스멀스멀 솟아나왔다. 합리적인 의구심과 의심이 커질수록 나의 은행 업무 속도는 쏜살같이 미끄러져 내려가는 자동차의 브레이크를 밟듯이 느려지고 있었다.

'그래, 그렇다면 김동일 검사라는 사람이 실제 존재하는지 확인해보면 될 것 아닌가?' 핸드폰에서 서울 남부지검을 검색하여 전화를 걸었다.

"네, 서울 남부지검 안내데스크입니다."

"아, 네, 남부지검 김동일 검사님과 통화를 하고 싶습니다."

"네, 연결해 드리겠습니다."

"남부지검, 김동일 검사입니다."

"아, 네 최문규입니다. 지금 막 입금을 하려고 했는데요, 액수를 좀 줄이

면 안 되는지 물어보려 전화했습니다만⋯."

"제가 분명히, 핸드폰으로만 연락하라고 하지 않았나요? 왜 사무실로 전화를 거는 겁니까? 지금 뭐 저를 의심하시는 겁니까?"

"아닙니다. 그냥 핸드폰을 많이 쓰면 안 되는 상황 같아서 사무실로 전화를 한번 해보았습니다. 앞으로는 핸드폰으로만 전화드리지요."

정말 감쪽같은 그들의 속임수였다. 최초에 내 핸드폰에 '금융전환시스템' 앱을 깔았는데, 나중에야 이 앱이 착신전환을 할 수 있는 앱이라는 황당하고도 어이없는 사실을 알게 되었다.

합리적인 의구심으로 시작되어 의심이 반이었던 나의 머릿속은 다시 한번 혼란의 미궁으로 빠져들었다.

'뭐야, 진짜네⋯. 하⋯.'

다시 나의 은행 업무 속도는 빨라졌다. 적금을 찾았다. 5,000만 원을 찾아서 국민은행 계좌에 입금하였다. 이제 그들이 지정해준 가상계좌로 입금을 하면 될 차례였다.

그런데 또 한 번 나의 머릿속에 번쩍 드는 생각이 있었다. 이 사람들 왜 이렇게 서두르지⋯? 처남이 어차피 나의 계좌에서 돈을 빼내는 경로를 알아냈더라면, 오히려 들키지 않으려고 천천히 조금씩 빼내지 않을까. 처남은 은행 업무를 하는 사람인데⋯ 그렇게 급하게 하는 성격도 아닌데⋯.

다시 나의 입금 관련 업무 속도는 느려졌다.

그리고, 나는 결정적으로 아내를 믿었다. 결혼한 이후로 아내와 나는 정말이지 비밀이 없었다. 검사의 만류를 뒤로하고 나는 정말 그 당시 심정으로 말하자면 미친 척하고 아내에게 전화를 걸었다.

"자기야, 내가 지금 은행에서 돈을 빼고 있어…."

"안 돼…. 자기야…. 그거 보이스 피싱이야, 당장 멈춰…."

나는 나의 자초지종을 아내에게 설명하려는 생각보다, 아내의 목소리를 듣는 순간 마치 술에 취한 상태에서 차디찬 물 한 바가지를 머리에 끼어 맞은 듯한 느낌에 정신이 확 깼다.

'내가 지금 뭐 하고 있는 거지?'

그 순간 모든 은행 업무를 중지했다. 불현듯 언론에서 들었던 보이스 피싱이라는 단어가 생각났다. 하지만 보이스 피싱이 어떤 과정에 의해 이루어지는지는 잘 몰랐다. 내가 막상 당하고 나니 나는 거의 무방비로 그들에게 노출되었다.

경찰서에 신고를 했다. 경찰차가 와서 나를 태웠다. 경찰서로 갔다. 6층 건물의 가장 꼭대기 6층에 있는 사이버 수사대라는 곳으로 갔다. 남자 분 한 명과 젊은 여자 분 한 명이 있었다. 자초지종을 설명하고 정식적인 수사 의뢰 신청을 했다. 범죄망이 복잡하고, 이들의 근원지가 중국에 있어서 막상 수사하기가 어렵다는 답변을 들었다.

"아니, 저 말고도 이런 피해를 많이 받고 있을 텐데, 그렇다면 사이버 수사대를 확장해야지요. 그냥 이렇게 수사가 어렵다고 하면 어떻게 합니까?"

"글쎄요, 우리도 최대한 노력을 하고 있습니다만…."

나는 그때, 보이스 피싱이 기하급수적으로 증가할 것이라는 무서운 예측이 들었다.(사실 이 예측은 불행하게도 정확한 예측이 되었다.) 그들의 수범은 상당히 교묘하고 치밀했다. 스마트폰 착신 전환앱을 설치하게 한 것이며, 금융감독원과 검사의 공조라는 협조시스템을 구축한 것이며(사실 이는 모두 가짜이지만), 범죄 가해 대상자를 물리적, 정서적으로 완전히 고립되게 만들도록 대화를 유도하는 심리전술이며…. 그리고 그들은 숙달되었다. 그들은 조직적이었다. 추정컨대 그들은 자체적인 사후검토를 통해서 지속적으로 속임수를 업그레이드하였다. 그들은 대상자의 약점을 교묘히 파고드는 언행을 하였고, 순간순간 어떤 말을 해야 할지를 정확히 알고 있었다. 또한 그들은 차분했다. 차분한 그들이 목소리를 이제 와서 생각하니 더욱 소름끼치지만 그들은 한마디로 그쪽 방면에 있어 고단수였다.

시간이 한참 지난 2024년 오늘, 나의 예상은 적중했다. 보이스 피싱이 세상에 판을 치고 있다. 그 피해액은 가히 계산하기도 어려울 듯하다. 나는 기회가 될 때마다 사람들에게 당시 나의 경험을 설명해준다. 그때마다 나는 그 당시의 당황스러움과 혼란을 고스란히 느낀다.

세상이 늘 그래왔듯, 첨단 과학기술의 발전은 반드시 좋은 일에만 쓰이지는 않는다는 것을 나는 몸으로 직접 경험했다. 그리고 이 분야 대해서 많은 것을 알아야겠다는 결심을 하게 되었다.

AI를 비롯한 첨단 과학기술은 인류의 발전을 가져오는 긍정적인 측면과 동시에 범죄의 수법도 향상시킬 수 있다는 것은 불편한 진실이다.

7. 프레디 머큐리가 부릅니다.
IU의 〈내 손을 잡아〉

인류는 AI 발전에 도취되어 있다. AI가 인간의 능력과 비슷하면 비슷할수록 환호성을 지른다. 심지어 AI가 인간의 능력까지 초과한 능력을 보여주면 감탄해 마지않는다. 인류가 AI의 매력에 빠진 것은 인간이 하기 어려운 일, 위험한 것들을 기꺼이 쉽고 빠르게 해내기 때문이었다. 그러나 우리의 기대와 예상과는 달리 AI는 인류가 초대하지 않은 인간만의 만찬 자리에도 슬그머니 머리를 내밀고 있다. 어렵고 힘든 일을 기꺼이 도맡아 해준 AI가 인간만의 만찬자리에 불쑥 찾아왔는데, '여기는 당신이 참가할 자리가 아니요, 돌아가시오.'라고 말하기가 쉽지 않다.

초대하지 않은 만찬 자리에의 출현은 노래에서부터 시작되었다. AI로 학습된 실존하지 않는 가수가 노래를 부른다. 또는 AI가 가수의 목소리를 그대로 따라하여 노래를 부른다. 프레디 머큐리는 오래전 작고한 가수이다. 〈보헤미안 랩소디〉, 〈위 아 더 챔피언〉과 같은 불후의 명곡을 노래한 전 세계적인 가수이다. 아직도 적지 않은 사람들이 머큐리를 그리워하며, 유튜브를 통해 그의 영상을 다시 보곤 한다. 그런데 머큐리의 목소리가 장착된 AI가 아이유의 〈내 손을 잡아〉를 부른다면? 작고한 가수가 현재 활동 중인 가수의 노래를 대신 부르는 것이다. 머큐리와 아이유를 동시에 좋아하는 팬에게 이는 충분히 매력적이 될 수 있다.

　작고한 가수에 대한 동경과 그리움이 많은 팬들에게는 남아 있다. 팝의 황제 마이클 잭슨이 다시 살아 돌아온다면? 그것도 내가 좋아하는 김경호의 〈운명〉을 부른다면? 작고한 가수의 목소리 또는 현존하는 가수의 목소리로 다른 가수의 노래를 부르게 하는 AI에 의한 임의적 창작물 생성은 이미 충분히 가능한 상태가 되었다. 일부 가수들은 창작물에 대한 영역 침해라며 이를 반대하고 나섰다. AI 기술 발전에 따른 인위적인 조합은 물론 수요가 있기 때문에 발전하는 것이다. 그러나 저작권과 관련이 되어 있기 때문에 가수들은 이를 찬성할 가능성이 높지 않다. AI에 의한 창작물에 대한 관리에 대한 사회적 합의, 법률 정비가 필요한 시점에 이르렀다. 이를 어떻게 해결해야 할까?

　첫째, AI에 의한 인위적 조합의 활동을 차단하기는 어렵다고 본다. 앞서 언급했지만 이는 분명 수요가 있다. 작고한 가수를 그리워하는 사람이 적지 않지 않은가? 그들은 불가능하리라고 생각했던 자기가 열렬히 좋아했던 작고한 가수의 환생을 마다하지 않을 것이다. AI에 의한 창작활동은 그런 식으로 기하급수적으로 온라인상에 확대될 가능성이 적지 않다.

　둘째, AI에 의한 창작물에 대한 명확한 표시를 해야 한다. 머큐리를 모르는 젊은 세대가 머큐리 버전의 IU가 노래한 〈내 손을 잡아〉를 듣게 된다면 실제 존재하는 가수가 부른 음악이라고 생각할 가능성이 높다. 인간에 의한 창작물과 AI에 의한 창작물은 명확히 구분되어야 할 필요가 있다. '저작물'은 인간의 사상이나 감정을 표현한 창작물을 말한다. 가요의 경우 음원이 저작물로 인정되어야 저작권이 생기고, 한국음악저작권협회에 곡 등록도 가능하다. 이러한 상황에서 가수가 부른 노래와 AI가 창작한 노래에 대한 구분이 없게 되면 저작물에 대한 혼돈을 가져오게 되고, 이는 가수들의 활동을 위축하게 하여, 나중에는 궁극적으로 가수들의 활동을 제한하게 될 것이며, 가수 양성에도 악영향을 미칠 가능성이 크다.

마지막으로 인류가 살펴봐야 할 일은 다른 영역에서의 AI에 의한 활동에 대한 통제방안 강구이다. AI에 의한 창작 활동이 어찌 노래에만 국한되겠는가? 벌써 AI는 그림을 그리고, 책을 쓰는 영역에까지 활동 반경을 확대하고 있다. 가히 그들의 창작물은 인간의 능력을 초월하고 있다. 인간만이 할 수 있는 일이라고 여겨졌던 창작영역에서까지 이미 AI의 활동은 시작되었다. 창작활동은 인간의 고유 영역이라는 인류의 생각은 안타깝게도 틀렸다.

AI의 발전에 따라 AI 창작활동은 거부할 수 없는 시대적 흐름을 맞이할 것이다. 이는 정법, 불법의 영역 싸움이 아닌 거센 큰 파도처럼 밀려올 것이다. 나중에는 인간이 AI를 창작하고, AI가 인간의 활동을 창작하는 정(正)·반(反)·합(合)의 프로세스가 활발히 이루어져 영역의 구분이 흐릿하고 의미가 없는 시간이 올 수 있다. 그 결과물에 있어서는 인간과 AI의 노력이 조합되었더라도, 세부적으로 그 과정의 창작을 인간이 했는지, AI가 했는지에 대한 구분을 명확히 해놓을 필요는 분명 있어 보인다.

저작권에 대한 소유권 다툼은 인간과 인간 사이에서 있어왔지만 머지않아 인간은 AI와 저작권 관련 소송을 진행할 것이다.

8. 팔만대장경에서 데이터 관리 노하우를 배우다

AI의 비약적인 발전은 데이터의 관리에서 시작한다. 지금은 누가, 어떻게 데이터를 안전하게 관리하느냐에 따라 AI 산업의 승패가 좌우된다고 해도 과언이 아니다. AI는 엄밀히 말하면 무에서 유를 창조하지 않는다. 기존에 모아놓은 데이터를 빨리 찾고, 원하는 질문에 맞게 조합하며, 심지어 이를 절묘하게 밸런싱하고 믹스하여 추론까지 하게 되면 인간의 두뇌를 뛰어넘는 AI가 된다. 이렇게 AI는 데이터를 기반으로 하기 때문에 각 나라와 기업은 데이터의 안전한 관리에 상당한 자산과 노력을 투자한다. 지진, 화재 등 불안정 요소에서 최대한 동떨어진 안전한 곳에 데이터센터를 짓기 위해 노력한다. 일단 건립된 데이터센터는 철저히 관리된다. 24시간 안전관리 시스템을 유지하는 것은 기본이고, 만에 하나 화재가 발생했을 시 가장 신속한 진화를 위해 자체 화재진압장비를 최신식으로 갖추는 것도 기본이다.

더구나 지금 건설되어 있는 또는 건설하고 있는 데이터센터는 어떤 특정 개인이나 기업의 데이터만 보관하는 것이 아니다. 여러 기업에서 데이터센터를 대여하여 자신들의 데이터를 저장하도록 되어 있다. 따라서, 현재 데이터센터에 문제가 발생하면, 그곳에 데이터를 평시에 위탁 저장해 놓고 사용하는 관련 기업들의 업무처리에 문제가 발생한다. 국가나 군사 중요시설이 적에게 탈취되는 것이나, 적의 공격에 의해 피해를 받는 것 이상으로 중요하다. 중요성으로 고려할 때 데이터센터는 국가 중요시설로 지정되기에 충분하다.

　우리는 PC를 이용한 작업을 많이 한다. 학생이나 직장인 할 것 없이 PC는 필수품이다. 그런데 과거를 뒤돌아보라. 여태까지 PC로 작업을 하면서 저장이 잘못되는 문제가 발생하여, 애써 작업한 내용을 한 번에 날려버린 적이 몇 번이나 되는가? PC가 발전할수록 이런 일이 발생하지 않도록 다양한 선택 옵션이 생성되고 기능을 발휘하지만, 우리는 작업해 놓은 자료가 원인 모를 또는 본인의 부주의로 저장이 제대로 되지 못하여 지워지고 삭제되는 바람에 시간과 노력을 허비하는 일이 얼마나 많았던가. 사실 필자도 지금 이 책을 집필하면서도 혹시나 저장에 있어 문제가 발생할 수 있다는 생각이 든다. 따라서 일주일에 한 번씩 백업 파일을 생성하는 작업과 외부 저장 매체에 백업을 시켜 놓는 작업을 병행한다. 현재까지 작업한 내용은 200여 페이지, 글자 수로는 12만 2,334자의 글을, 머릿속을 짜내어 써 놓은 이 글이 한번에, 한순간에 날아갈 수 있다. 몇 개월간의 노력은 물거품이 되는 것이다. 자료가 중요할수록, 자료를 만드는데 많은 시간과 노력이 투자될수록 그에 비례하여 자료의 안전한 저장은 중요해진다. 한 개인도 이러할 것인데, 수많은 중요 데이터를 보유한 기업들은 그러한 자료 하나하나가 곧 돈이 되는 것이며, 이에 대한 불의의 손실은 기업 운영에 적지 않은 영향을 미치는 것은 자명한 일이다. 그렇다면 기업의 가치가 올라갈수록, 기업이 관리하는 데이터가 중요해질수록 그 기업은 안전한 데이터센터를 찾을 수밖에 없다. 그러나 기업들이 모두 데이터센터를 신축하여 자료를 저장할 수는 없기 때문에, 데이터센터를 신축하여 운용하는 데이터 관리 전문 기업에 데이터를 위탁관리하게 되는 것이다. 이렇게 많은 기업들의 중요 데이터를 보관하고 있는 데이터센터는 그만큼 데이터를 안전하게 관리하는데 많은 신경을 쓸 수밖에 없다.

팔만대장경을 보관하는 해인사를 둘러보자. 대장경을 보관하는 판전은 일정한 공기습도와 온도를 유지하기 위해 해인사의 가장 위쪽, 서남향의 바른 곳에 자리 잡도록 설계하였다. 산전의 내부 바닥은 흙바닥이며 경판 꽂이 사이에 적당한 공간을 두어 상하좌우의 공기 흐름이 원활하도록 고안하였다. 또한 산전 외부의 벽을 보면 아래 위의 살창크기를 달리하여 대류현상을 이용하는 절묘한 기술을 발휘하였다.

오래전부터 인류는 중요한 자료를 오래도록 손상이 되지 않도록 보관하기 위해 특별한 방법을 고심하였다. 데이터의 안전한 관리 및 유지를 위한 방법은 조상들의 그 섬세하고 창의적인 기술에서 착안할 사항이 많다.

합천 해인사 대장경판

(출처: 문화재청 대변인실, 2020년 촬영)

네이버 데이터센터 '각' 홈페이지

(출처: https://datacenter.navercorp.com/gak/gak-sejong)

9. 2024 AI 윤리 제정(안)

AI에도 윤리가 필요하다는 것은 오래전부터 논의되어 왔다. AI 발전은 무궁무진하며, 얼마 지나지 않아서 AI는 인간의 두뇌를 초월할 것으로 쉽게 예상되기 때문이다. 실제로 AI의 연간 성장률은 2023년 기준 33.5%로 예상되며, 2030년까지 약 1조 5천억 달러 규모의 시장을 형성할 것으로 보인다. 이러한 빠른 발전 속도는 AI 윤리의 시급성을 더욱 부각시킨다. 인류의 두뇌를 앞서는 AI의 윤리가 없다면 AI가 생각하고 산출해 내놓는 결과물은 때로는 인류에게 해를 끼칠 수 있다는 것은 어렵지 않게 예측할 수 있다.

하지만 현재 AI가 급속도로 발전하고 있음에도 국제사회는 이렇다 할 AI 윤리를 만들어내지 못하고 있다. 이는 각국의 AI 발전에 걸림돌로 작용할 것으로 판단하고 있기 때문으로 추정된다. AI 윤리가 자칫 기하급수적, 거칠 것 없이 발전하고 있는 AI에 걸림돌이 될 수 있다는 생각이 있을 것이다. 또한 국제사회의 규범이 강제적으로 행동의 자유를 억압하지 않는 한, 괜히 나만 그 AI 규범에 충실하여 손해를 보지 않을까 하는 생각도 작용할 수 있다. 그러나 분명한 것은 국제사회의 AI 규범에 대한 조속한 정립이 필수적이라는 점이다. 시간이 흐를수록 AI 발전이 광범위해질수록 AI 윤리를 소급하여 적용하겠다는 논리는 점점 설득력을 잃어간다. 70년 전 미국의 과학 칼럼니스트 '아이작 아시모프'가 정한 로봇공학의 3대 원칙은 변화된 환경을 반영하여 수정할 때가 되었다. 현재의 AI 발전 흐름에 맞추어 AI 윤리 규범을 분야별로 만들어 보았다.

1. 생성형 AI 모델

가. 자료 요청자의 인종, 국적, 신분, 성별에 상관없이 요청 질문에 대한 동일한 대답을 해야 한다.

나. 인간이 직접 작성한 원본에 내용을 추가할 경우, 생성형 AI가 작성한 부분이 구분되도록 해야 한다.

다. 인간이 타인을 해하거나 공격하거나 범죄 등에 활용할 자료를 요구할 경우, 적절한 방법을 통해 경고해야 한다.

라. 생성형 AI 모델은 항상 투명성을 유지하여 사용자가 어떤 데이터와 알고리즘을 통해 결과가 도출되었는지 알 수 있어야 한다.

마. 사용자의 개인정보를 보호하고, 사용자의 동의 없이 데이터를 수집, 저장, 공유하지 않아야 한다.

2. 로봇

가. 인간이 로봇에게 다른 인간을 공격하는 등 해를 끼치는 명령을 내릴 경우, 적절한 방법을 통해 경고해야 한다.

나. 인간과 로봇 중 하나만 구할 수 있는 극한적 상황에서는 인간의 생명을 우선시하여 로봇보다는 인간의 생명, 안전, 보호에 우선순위를 둔다.

다. 로봇 사이에서 자체 커뮤니티를 형성하여 인류에 해를 끼치거나 공격하는 행위를 계획, 행동해서는 안 된다.

라. 로봇은 항상 인간의 명령을 따르되, 그 명령이 윤리적 기준을 벗어나는 경우에는 거부할 수 있어야 한다.

마. 로봇의 설계 및 제작 과정에서 공정성, 투명성, 그리고 책임성이 보장되어야 한다. 예를 들어, 테슬라의 옵티머스 로봇 개발 과정에서는 로봇이 인간과 상호작용하는 데 있어서 안전과 윤리적 고려가 최우선시 되었다. 테슬라는 로봇이 수행할 수 있는 작업과 그 한계를 명확히 설정하여 윤리적 문제를 최소화하고 있다.

3. 자율주행 자동차

가. 전방에 갑작스럽게 여러 사람이 동시에 출현하여 충돌을 피할 수 없는 상황에서는, 사전에 운전자가 자동차를 구입할 때 입력해 놓은 커스터마이징 옵션의 순위에 따른다. 예를 들어, 운전자는 "어린이보호"를 최우선 옵션으로 설정할 수 있다. 이 경우 차량은 사고 발생 예상 시(차량의 충격 등) 어린이의 안전을 최우선으로 고려하게 된다.

나. 차량 운행 간 확보된 데이터, 즉 차량 내외부에 카메라를 통해 녹화된 화면을 임의로 외부에 발송하지 않는다.

다. 차량 운행 간 운행 기록 등을 임의로 조작하지 않으며, 사고 발생 시 정확한 원인 규명을 위해 내부 카메라, 블랙박스 내용 등을 임의로 조작하지 않는다.

라. 자율주행 자동차는 운행 중 모든 교통 법규를 준수해야 하며, 불가피한 상황에서 최소한의 피해를 발생시키도록 설계되어야 한다.

마. 자율주행 자동차는 주행 중 수집되는 모든 데이터를 안전하게 암호

화하여 보호하고, 사용자의 동의 없이 외부로 유출되지 않도록 해야 한다. 테슬라는 자율주행 기술 개발 과정에서 데이터 프라이버시와 안전을 최우선으로 고려하고 있으며, 모든 주행 데이터를 암호화하여 사용자 동의 없이 제3자와 공유하지 않는다.

윤리는 마땅히 지켜야 할 도리이다. 인간의 윤리는 사회생활을 하면서 인간으로서 마땅히 지켜야 할 도리임에도 강제성이 없어서 이를 지키지 않는 사람이 발생한다. AI 윤리도 마찬가지이다. 인간이 AI를 만들었고, AI는 인류의 필요에 의해 발전되었다. 당연히 인간이 AI보다 우선시되어야 한다. 그러나 전 인류가 인간의 윤리를 준수하지 않는 경우가 있듯이, AI에게 AI 윤리를 준수할 것을 당연시하지 않는 기술자도 생기기 마련이다. 인간은 인간의 편의를 위해 AI를 만들었지만, AI의 윤리의식 부재는 인류에게 해를 끼칠 수 있다. 유럽연합은 2020년에 AI 윤리 지침을 발표하여 AI 개발 및 사용에 대한 윤리적 기준을 제시했다. 그러나 이는 지역적 규범에 불과하며, 글로벌 차원의 협력이 필요하다. 누군가 '아이작 아시모프'의 뒤를 이어 범세계적 AI 윤리를 제안해야 하며, 인류는 이를 수정하고 가다듬어야 한다. 물론 그것이 누가 되더라도 마다하지 않는다. 그만큼 시급한 문제이기 때문이다.

AI의 급속한 발전은 우리 사회에 많은 이점을 제공하지만, 동시에 윤리적 문제를 초래할 가능성도 크다. AI 윤리의 정립은 기술의 발전을 저해하는 것이 아니라, 오히려 인간과 AI가 조화롭게 공존할 수 있는 길을 제시하는 것이다. 아시모프의 로봇공학 원칙은 로봇의 윤리적 행동을 규정하지만, 현대의 AI는 이보다 더 복잡한 상황에 직면해 있다. 예를 들어, 자율주행 차는 수많은 윤리적 결정을 실시간으로 내려야 하며, 이러한 상황에서 AI 윤리가 필수적이다. 아이작 아시모프의 로봇공학 원칙을 현대적으로 재해석하고, 글로벌 차원의 AI 윤리를 정립하여 AI의 긍정적인 발전을 도모해야 한다. 이는 단지 기술적 문제가 아닌 인류 전체의 생존과 직결된 중요한 문제이다.

제 5 장

변화

: AI 시대를 위한 탈바꿈

"인공지능은 거의 모든 직업에서 인간을
밀어낼 것이다. 새 직업을 만들어도 결국 AI가
그 일을 인간보다 잘 해낼 테니 해결책이 아니다."

유발 하라리 | 역사학자

SELF-CHANGE
AI GUIDE

AI 시대에 맞게
나 자신을 변화시키기

1. 탈바꿈

사람은 고쳐 쓴다

1. 인상을 바꾸다

20대의 주민등록증을 보면 내 눈빛은 다소 공격적이다. 포근함이라고는 찾아볼 수 없다. 사람들을 대할 때도 그러했던 기억이 난다. 명답이 아닌 정답을 찾기 위해서만 노력했고, 이분법적 사고와 그에 따른 행동이 있었다. 주변 사람보다는 나 중심적인 사고방식과 행동으로 일관했던 것 같다. 다른 사람에게 피해를 주지는 않았다고 생각한다. 개인주의적 성격이 강했다. 지금은 다른 사람의 말을 많이 듣는다. 생각대로 되지 않았을 때 원인을 찾기도 하지만, "그럴 수도 있었겠다." 혹은 "그럴 수밖에 없었던 상황이 있었겠지."라고 생각한다. 나의 주장을 상대방에게 관철시키기 위한 주장을 많이 펴왔던 기억이 있다. 하지만 이제는 다른 사람에게 선한 영향력을 주고 싶다. 나는 더이상 똑똑해 보이고 싶지 않다. 포근한 사람이 되고 싶다. 무엇을 쟁취하는 사람이 되기보다는 함께 하고픈 사람이 되고 싶다. 이런 생각과 마음을 갖고 있다. 생각대로 인상은 바뀐다.

2. B형 남자에서 O형 남자로

〈B형 남자〉라는 노래와 영화가 있다. 나는 B형 남자이다. B형 남자라는 영화를 만든 작가가 무엇을 말하려고 하는지 나는 정확히 안다. B형은 성격이 강하고 고집이 세다. 남들의 이목을 별로 중시하지 않는다. 자기 개성이 강하고 나 중심적이다. 하고자 하는 목표로 직진한다. 거칠 것이 없다. 그래서 여성들이 B형 남자들을 좋아하기도 한다고 하는데… 이제는 부질없어 보인다. 성격이 두루두루 원만한 것이 좋다. 그렇게 되려고 노력한다. 모나지 않고 충돌하지 않으며 남들을 포용하는 사람이 되려고 한다. 혈액형이 사람을 만든다는 설에는 어느 정도 신빙성이 있다고 생각한다. 혈액형에 따른 인간 유형 판단의 진화적인 형태가 MBTI가 아니겠는가. 혈액형은 타고난 본질이다. 피는 물보다 진하며, 피는 못 속인다. 그러나 더 강한 힘은 사람의 부단한 노력이다. 적어도 성격 혈액형은 인간의 노력으로 바꿀 수 있다.

3. 문과에서 이과로

육사 졸업 시 학사 학위 전공은 국제관계학과였다. 여전히 국제 관계에 관심이 많다. 한반도의 지정학적 위치는 세계 어느 나라보다도 복잡하다. 경제적 영토는 전 세계다. 영원한 적도 영원한 우방도 없다. 석사 학위 전공을 정보통신대학원 사물인터넷 학과로 했다. 현재 과학기술정책학과에서 박사학위 중이며, UAM에 의한 세종시 활성화 방안 관련 박사학위 논문을 준비하고 있다. 문과는 감성적이고 이과는 분석적이다. 분석에 감성을 더하면 그것은 융합이 된다. 나는 이과로 전향했고, 좀 더 엄밀히 말하자면 융복합학과로 체질을 변화시켰다.

4. 기계치에서 벗어나도록

로봇의 시대가 올 것이라는 예상을 했다. 완전한 로봇 이전에 중간 단계는 사람의 손과 팔에 기계를 더하는 것이다. 그러한 기계 로봇의 시작은 포크레인이지 싶었다. 나의 손과 발을 포크레인이 대신하지 않는가. 나의 손과 발이 움직이듯이 기계가 움직인다면 그것은 로봇의 진화적 단계의 초기 단계이지 않은가. 포크레인 자격증에 응시하여 자격증을 따냈다. 내가 전역해서라도 포크레인을 운용할 가능성은 거의 없다. 나의 잠재의식에 로봇과 기계의 마인드를 더 불어넣고자 포크레인 자격증에 응시했었다.

5. 스마트폰의 십분 활용

돌이켜보면 스마트폰은 급진적으로 기술이 진화되지는 않았다. 앱이 계속 개발되고, 최근에는 AI 기능이 탑재된 온디바이스 갤럭시폰이 등장하였다. 챗GPT가 탑재되는 정도이다. 문제는 내가 얼마나 스마트폰을 활용하는가이다. 과거에는 인터넷 뱅킹도 제대로 하지 못했다. 가끔 아내가 은행 암호 코드를 입력하는 것을 보고 뭐 하는 것인지 물어보았던 것 같다. 지금은 다르다. 웬만한 은행 업무, 예약 등 스마트폰의 제 기능을 거의 다 활용한다. 은행 업무는 이제 스마트폰으로 간편하게 처리하며, 모바일 결제 앱을 통해 송금과 결제를 신속히 해결한다. 일정 관리를 위해 구글 캘린더와 같은 앱을 사용하며, 중요한 일정이 있을 때 알림을 설정해 놓는다. 건강 관리를 위해 스마트폰에 연결된 스마트워치를 사용하여 운동 기록을 추적하고, 음식 섭취를 기록하는 앱을 활용한다.

또한, 스마트폰을 통해 다양한 온라인 강의와 세미나에 참여하며, eBook과 오디오북을 통해 독서를 즐긴다. 소셜 미디어와 메시징 앱을 통해 친구들과 가족들과 끊임없이 소통하고, 업무용 협업 툴을 통해 팀 프로젝트를 효율적으로 관리한다. 스마트폰의 카메라를 활용하여 사진과 동영상을 찍어 편집하고, 클라우드 서비스에 저장하여 언제 어디서나 접근할 수 있게 구축해 놓았다.

스마트폰의 앱은 수백 개이다. 어떤 앱을 취사선택하여 나에게 유용하도록 최적화시킬 것인가, 그 프레임을 짜는 것은 나의 개인 디지털트랜지션을 위해 매우 중요하다. 예를 들어, 생산성을 높이기 위해 투두리스트 앱을 사용하고, 금융 관리를 위해 예산 관리 앱을 활용하며, 여행 시에는 항공편과 호텔 예약을 쉽게 할 수 있는 여행 앱을 이용한다. 이러한 다양한 기능을 십분 활용함으로써 스마트폰은 나의 일상과 업무의 중심 도구가 되었다.

사람은 바뀌지 않는다는 오랜 고정불변의 정설에 이의를 달 수 있는, 이를 행동으로 증명해 낸 인물로 기록되고 싶다. 그러나 체질 개선에는 뼈를 깎는 노력이 필요한 것은 분명하다.

2. 개인 Digtal Transition(DX)

디지털 트랜지션 시대에 우리는 일상에서 여러 디지털 기기와 시스템을 접하고 있다. 이러한 변화는 삶을 편리하게 만들지만, 모든 사람에게 친숙한 것은 아니다. 그러나 남녀노소 할 것 없이 우리는 이러한 변화에 적응을 해야 한다. 코로나-19가 한창 유행이던 때 누구나 마스크를 사용했듯이, 지금은 모든 이가 디지털 트랜지션을 착용해야 하는 때이다.

키오스크 사용의 어려움

키오스크는 상점이나 은행, 그리고 다양한 서비스 업종에서 필수적인 도구로 자리 잡고 있다. 그러나 복잡한 인터페이스와 많은 정보가 한 화면에 뒤섞여 있어 사용자들이 혼란을 겪기 쉽다. 간단한 주문은 가능하더라도 포인트 적립 및 사용은 쉽지 않을뿐더러, 넘쳐나는 광고 등으로 인해 화면이 복잡하여 사용에 어려움을 느끼는 경우가 많다. 특히 노인들에게는 이러한 디지털 기기가 큰 장벽으로 다가올 수 있다.

셀프주유소의 키오스크는 단계별로 명확하게 지시하고, 음성 안내까지 추가되어 있어 사용하기 매우 쉽다. 이렇게 시인성을 높이고 음성 안내를 추가하는 방식은 다른 키오스크에서도 도입할 필요가 있다. 이는 모든 사용자가 보다 쉽게 디지털 기기를 이용할 수 있도록 개선이 필요하다.

건강 관리의 디지털화

디지털화는 건강 관리에도 큰 변화를 가져왔다. 스마트 기기를 통해 걷기나 뛰기, 심장 박동 수, 수면 시간, 소비한 칼로리 등 다양한 생체 정보를 실시간으로 확인할 수 있다. 과거에는 신체 건강 관리가 어려웠지만, 이제는 관심만 있다면 언제든지 자신의 건강 상태를 체크할 수 있다. 앞으로는 심리적 건강 상태까지도 주기적인 설문 응답을 통해 확인할 수 있게 되어, 종합적인 건강 관리가 가능해질 것이다.

금융 업무의 디지털화

은행 업무 역시 디지털화의 영향을 크게 받았다. 이제는 간단한 적금 및 인출뿐만 아니라 대출, 상환, 고지서 납입, 보험료 제출 등 거의 모든 금융 업무를 온라인으로 처리할 수 있다. 이는 은행의 점포 수를 줄이고, 빅데이터를 활용한 개인 맞춤형 자산 관리 서비스로 은행을 변화하게 만들었다. 하지만 이러한 디지털 금융의 확산은 보이스 피싱과 같은 새로운 형태의 사기 피해를 증가시키기도 했다. 따라서 경찰 조직도 이에 맞게 변화해야 할 필요성이 커지고 있다.

오피스 워크의 혁신

디지털 트랜지션은 오피스 워크에도 큰 영향을 미쳤다. 특히, 챗GPT와 같은 AI 도구의 도입은 문서 작성, 보고서 작성, 그리고 협업에 혁신적인 변화를 가져왔다. 이를 통해 개인의 작업 효율이 높아지고, 집단 지성을 활용한 협업이 가능해졌다.

사회적 연대 방식의 변화

디지털 트랜지션은 사회적 연대 방식도 변화시켰다. 과거에는 직접 모임에 참석하거나 카톡방을 통해 교류했지만, 이제는 인스타그램, 트위터(X), 카카오톡 프로필 등을 통해 쉽게 다른 사람과 교류할 수 있다. 다양한 운동 모임이나 취미 모임에 쉽게 참여할 수 있게 되어, 새로운 사람들과의 만남이 더욱 활발해졌다.

이처럼 디지털 트랜지션은 삶 전반에 걸쳐 깊은 영향을 미치고 있다. 따라서 디지털 기기 사용에 어려움을 느끼는 사람들을 위해 더 나은 사용자 편의장비를 제공하는 것이 중요하다. 동시에, 우리는 빠르게 변화하는 디지털 환경에 적응하고, 이를 활용할 수 있는 능력을 키워야 한다. 디지털 트랜지션은 이제 선택이 아닌 필수적인 요소로 자리 잡고 있다.

꿈의 실현을 위한
목표달성에 도전하기

1. 너의 꿈은 뭐니?

나이가 든다는 것은 무엇을 의미할까? 많은 사람은 신체의 노화를 떠올릴 것이다. 또 다른 의미에서 나이가 든다는 것은 꿈이 점점 작아진다는 것을 의미한다. 그렇다면 꿈을 많이 꾸는 사람은 늙지 않는 것일까? "Yes"라고 말하고 싶다.

어릴 때, 특히 초등학교와 중학교 저학년 시절에 담임 선생님은 학생들에게 각자의 꿈을 발표하는 시간을 주었다. '과학자가 되고 싶다.', '대통령이 되고 싶다.'와 같은 학생들의 답변들이 주를 이뤘다. 하지만 고등학교에 들어가면서부터는 더 이상 아무도 꿈에 대해 묻지 않았다. 대신 "어디 대학 갈래?", "사회 나가서 뭐 할래?"와 같은 현실적인 질문들로 변했었다.

꿈은 나의 이상이자 내가 실현하고픈 미래의 자화상이다. 꿈을 꾸는 것은 자유다. 꿈은 머릿속에만 있고, 말로 내뱉지 않는 한 나밖에 모른다. 꿈을 꾸는 것은 비용도 들지 않고, 시간이 많이 소요되지도 않는다. 나이가 들수록 우리는 자신을 더 잘 알게 되고, 자신의 가능성을 이해하게 된다. 그렇기에 나이가 들어서 꾸는 꿈은 현실과 동떨어져 보이지만, 불가능한 것은 아니다. 가능성이 단 1%라도 존재하기에 꿈을 꾸는 것이다.

주변 사람들도 나이가 들어가면서 더 이상 나의 꿈을 묻지 않는다. 이제는 나 스스로에게 계속 꿈을 물어봐야 한다. 1년에 한 번씩, 아니면 적어도

10년에 한 번씩 진지하게 나에게 나의 꿈이 무엇인지 물어보아야 한다. 첨단 과학기술과 AI는 이제 나를 더 빠르고 정확하게 아는 데 도움을 줄 수 있다. 시대의 트렌드 기술을 이해하며, 나는 나 자신에게 꿈에 대한 질문을 계속해서 던져야 한다. 과거는 오늘날의 나를 만든 디딤돌이고, 그 디딤돌이 있었기에 앞으로 나아갈 수 있는 것이다. 나의 과거가 나의 꿈을 이루기 위한 성장의 길이었는지, 아니면 그냥 살아온 세월의 흔적이었는지는 지금 내게 꿈이 있느냐에 달려 있다.

꿈을 꾸고, 그 꿈을 달성하기 위해 노력하는 사람은 나이가 들어 보이지 않는다. 60~70세가 넘어도 꿈을 이루고자 노력하는 사람은 젊어 보인다. 반대로 꿈이 없는 사람은 아무리 나이가 어려도 늙어 보인다. 먼 미래를 내다보기가 더 쉬워진 요즈음, 우리는 꿈이라는 방향타를 항상 손에 놓지 말아야 한다.

더군다나 4차 산업혁명 시대는 첨단과학기술과 AI에 의해 꿈에 대한 상상이 어렵지 않게 현실이 됨을 잊지 말아야 한다.[9]

2. 다윗, 골리앗에게 돌을 던지다

"만약 여기가 강남에 있는 고급아파트단지라도 이렇게 일을 처리하시겠습니까? 그래서 언제 일처리가 된다는 것인가요?"

흥분할 듯하지만 침착함을 잃지 않으려는 나의 노력은 계속되었다. 전방지역에 모 통신회사에서 설치한 중계기가 달려있는 전봇대가 쓰러지기 직전이다. 한 달 전부터 통신사에 연락하고 있는데 차일피일 미루고 있다. 아래 실무자 선에서 일처리가 되지 않아 어제부터 문제에 직접 개입했다. 통신사 고객센터에 전화했다. 상담 매니저랑 장시간 통화 후 필요한 정보를 주기 위해 전화를 끊었다. 한 시간 후 전화를 다시 거니 예상대로(실망스러웠다는 얘기임.) 다른 상담원이 전화를 받았다. 나는 최초에 통화한 상담원의 이름을 대며 그분과 통화하기로 했으니 바꿔달라고 했다. 그런데 한참을 기다리게 하더니 좀전에 통화를 했던 상담사는 점심 먹으러 갔다고 했다. 그럼 점심 먹고 오면 전화를 달라 했더니, 또 함흥차사다. 응답이 없었다.

한 시간을 기다리고 다시 전화를 했다. "상담사님, 지금 저는 이 통화를 위해 두 시간째 전화기를 붙들고 있습니다. 정식으로 컴플레인을 요청합니다. 책임 있는 분의 공식적인 답변을 원합니다."

얼마 후 상담팀장이 전화가 왔다. 어쩌구저쩌구 미안하다는 말과 변명 일색이다.

"보다 나은 서비스 품질 향상을 위해 통화내용을 녹음한다고 안내 멘트가 처음에 나오던데요. 그럼 어떤 상황인지 재가 상담사들과 통화했던 내용을 한번 들어봐 주세요. 상담원들이 어떤 잘못을 했는지, 제가 무엇을 답답해하고 있는지 아실 수 있을 겁니다."

"제가 뭐 우리 상담원이 잘했다는 것은 아닙니다만…."

"좋습니다. 지나간 일은 더 이상 묻지 않겠습니다. 한 달 전에 전봇대가 넘어지기 직전이라고 신고 했는데 조치가 잘 안 되는 이유는 뭡니까?"

이어서 몇 차례 팀장이 전화가 왔다. '지역 담당 관리자가 전화를 곧 드리겠다, 확인해보니 눈이 많이 와서 작업기사가 투입을 못 했더라.' 등의 설명이 이어졌다. 지역 담당 관리자도 두 차례 전화가 왔다. '부대 실무자랑 얘기를 했었다, 1. 10일에 투입해서 소요파악 하겠다….'

잠시 후 다시 팀장이 전화 연락을 해왔다.

"어떻게 지역 매니저가 전화를 드렸습니까?"

"네, 받았습니다. 근데 지역 관리자와 팀장께서 계속 찔끔찔끔 전화를 해서 이거 물어보고 끊고, 저거 물어보고 끊고 하는데, 대기업의 업무처리 방식과 고객 대응이 다소 실망스럽습니다. 책임 있는 자세는 없고, 그냥 하나의 이벤트를 처리하려는 수준의 지엽적인 조치들… 솔직히 많이 실망스럽습니다."

"거기는 종합적으로 일을 관리하는 사람이 안계신가요? 제가 회사 사장님과 통화할 수 있게 해 주세요."

아무튼 최종 지역관리자가 전화 와서 1. 10일 소요파악만 하기로 한 것을, 당일 아예 공사자재, 차량 다 끌고 와서 처리를 완료하는 것으로 결론을 내렸다.

이것 외에 고성군청과 협의 하에 장병 문화관광 패키지를 만드는 것, A/S 소요가 많은 작전대기시설의 하자보수를 업체에 요청하는 것 등 또 다른 도전에 나는 나를 링에 올려놓았다. 그것도 자발적으로….

진흙탕 같은 싸움, 지지부진한 싸움 그 싸움에 끼어드는 일은 피곤한 일이다. 하지만, 나이 쉰을 눈앞에 둔 내가 생각하는 것은

1. 잘못된 것에 대해 말할 줄 아는 용기
2. 소비자로서의 권리 찾기

이 두 가지는 양보할 수 없다는 생각과 결심을 했다. 어떤 논리를 만들어 골리앗과 싸워 나갈 것인가. 생각에 잠겨본다.

3. 남과 다른 나를 찾고, 목표를 향해 나아갈 것

누구나 꿈을 갖고 있다. 그 꿈은 내가 하고 싶은 것, 되고 싶은 것이 주를 이룬다. 그래서 꿈은 남과 같을 수 없다. 누구나 자기가 잘하는 것이 있다. 남들은 갖고 있지 않은 재능, 천부적인 자질이 있다. 나이 50을 지천명이라고 하는데, 이는 하늘이 내게 준 운명을 비로소 아는 나이라는 뜻이다. 나의 재능을 가능한 이른 시일 내에 아는 것이 좋다. 이러한 나만의 재능을 찾았다면 꿈을 꿔야 한다. 장차 내가 무엇이 되겠다는 것이 꿈이다. 꿈을 그렸으면 그에 맞는 목표를 세워야 한다. 목표는 1년 단위 목표가 되고, 다시 한 달 단위 목표가 된다. 그리고 한 달 단위 목표는 일일 목표가 된다. 내가 오늘 달성한 일일 목표는 한 달의 목표치가 되고, 그것이 다시 1년의 목표를 달성하게 되며, 궁극적으로는 내 인생의 목표를 달성하게 되는 것이다. 당연한 이야기지만, 성공과 실패의 갈림길은 이 당연한 길을 실천하느냐 아니냐에 따라 갈리게 되어 있다.

'마틴 루터 킹 주니어'는 "꿈이 없으면, 우리는 아무것도 하지 않는다. 꿈이 없으면, 우리는 아무것도 바꿀 수 없다."라고 말했다. 꿈은 우리에게 방향성을 제공하고, 목표를 설정하는 데 있어 중요한 역할을 한다. 꿈을 통해 우리는 자신의 가능성을 최대한 발휘할 수 있다.

지금 책상 앞에 놓인 달력을 들여다보라. 날짜 옆에 무엇이 기록되어 있는가? 작은 글씨로 나만의 암호 및 축약 표시 등을 통해 목표 달성 여부를 체크해 가는 사람이 있을 것이다. 디지털에 친근한 사람이라면 노트북의 엑셀 파일에 일일 단위 목표 달성 여부를 기록하고 있을 것이다. 이러한 기록은 나의 성취 과정을 시각적으로 확인할 수 있게 해준다.

현대에는 목표를 체크하는 첨단 수단도 다양하게 제공된다. 스마트폰의 운동량 체크 앱은 그 중 하나일 뿐이다. 내가 하루에 몇 보를 걸었는지, 이를 통해 몇 칼로리를 소비했는지 알려주는 앱이 있다. 심지어 달성 정도에 따라 소량의 상품을 주는 앱도 있다. 처음에는 무심코 신경을 쓰지 않다가도, 하루 일과가 끝날 때쯤이면 앱에서 알림이 설정되어 자동으로 나에게 운동량을 알려준다. 그러한 반복된 행동이 계속되다 보면, 어느 순간 나는 나의 또 다른 업그레이드된 걸음 수를 달성하기 위해 걸음 수를 조금씩 늘려간다. 때로는 걸음 수가 아주 적은 날도 있다. 단 200보밖에 되지 않는 날도 있다. 그래프에 그날의 걸음 수는 다른 날에 비해 푹 패었던 모양이다. 하지만 중요한 것은 그렇게 적게 걸은 날에도 나는 걸었다는 것이고, 그래프의 중단이 생기지 않았다는 것이다.

목표를 달성하기 위해서는 꾸준히 하루도 빠지지 않고 실천하는 것이 중요하다. 목표를 향해 나아가다 보면 어떤 날은 그 진도가 지극히 미진할 때가 있다. 그러나 중요한 것은 목표를 달성하기로 마음먹었다면 단 한 걸음이라도 걷고 그 목표치를 기록해야 한다는 것이다. 이러한 것이 습관이 되면, 어느 날은 아주 적게 걸었지만 어느 날에는 보통 때보다 상당히 많이 걷는 날도 생기게 마련이다. 그렇기 때문에 목표치를 달성하지 못했다고 해서 실망할 필요가 없다. 인간은 AI 로봇이 아니다. 스마트폰은 1년 365일 나의 걸음 수를 체크할 것이다. 그러나 스마트폰은 체크를 하는 도구일 뿐,

걸음을 걷는 것은 아니다. 정작 그 주인공은 인간인 것이다. 인간은 인류의 삶을 영위해 나가는 주인공이다. 아무리 AI가 인간의 두뇌를 뛰어넘더라도 인류는 AI 위에 있을 것이며, 그렇게 되어야 한다. 인간은 로봇이 아니기에 매일 같은 양의 목표치를 달성하기 어렵다. 하지만 꿈을 달성하기 위한 목표를 세우고, 거기에서 삶의 재미와 보람, 그리고 가치를 느끼며, 일일 단위로 나의 목표량을 기록하고 채워 나갈 때 인간의 발전 속도는 기하급수적으로 성장할 수 있다.

엘론 머스크는 "당신이 충분히 열심히 일하고 있다면, 결과는 따라올 것이다."라고 말했다. 꿈을 이루기 위해서는 끊임없는 노력과 끈기가 필요하다. 스마트폰의 걸음 수 체크 앱처럼 우리는 각자의 목표 달성 여부를 지속적으로 모니터링할 수 있어야 한다. 작은 성취가 쌓이면 큰 성과로 이어진다. 매일의 작은 노력이 일 년, 일생의 큰 목표를 이루는 밑거름이 된다. 인간의 힘은 바로 여기에서 나온다. 꿈을 꾸고, 목표를 세우고, 그것을 향해 꾸준히 걸어 나가는 데서 인생의 진정한 가치와 의미가 발견되는 것이다.

목표를 설정하고 그것을 달성하는 과정을 돕는 다양한 앱과 도구들이 있다. 예를 들어, 생산성 앱은 할 일을 목록화하고 우선순위를 설정하는 데 도움을 주며, 시간 관리 앱은 하루 일과를 효율적으로 배분할 수 있게 해준다. 피트니스 트래커는 운동 목표를 설정하고 달성하는 데 필수적이다. 이러한 도구들은 우리의 목표 달성을 더욱 체계적이고 효율적으로 만들어준다.

이처럼 첨단 기술을 활용해 목표를 체크하고 관리하는 것은 목표 달성의 중요한 요소가 된다. 그러나 무엇보다 중요한 것은 우리의 의지와 노력이 바탕이 되어야 한다는 점이다. 꿈을 이루기 위해 꾸준히 노력하고, 실패에도 좌절하지 않고 나아가는 자세가 필요하다. 이런 태도로 매일 한 걸음씩 나아가다 보면, 우리는 결국 우리의 꿈을 이루게 될 것이다.

공감하고
연대하기

1. '정(正)'이 아닌 '부(副)'의 입장에 서보다

강원도 고성에 부임한 지 일주일이 되었다. 나는 부여단장으로 부(副)지휘관 임무를 수행한다. 남들이 그렇게 생각해서인지, 내가 또 그렇게 생각해서인지 모르겠지만 난 비주류이다. 메인은 아니라는 말이다. 매일 빠듯하게 시간계획을 세워 근무했던 직책에서 근무한 경우가 대부분이었는데 지금은 다소 여유가 있다. 마음도 편하다. 일주일 내내 출근 시간도 제각각이다. 출근해야 할 때쯤 출근한다. 24년간 복무해 오면서 누려보지 못했던 편안함과 자유가 있다. 좋다.

오늘 부대 성과분석을 했다. 대상은 메인 경계부대인 GOP가 아닌 FEBA 부대 중대장, 행정보급관이었다.

여단장이 일이 있어서 내가 대신 행사를 주관하였다. "GOP부대에 보통적으로 각종 선발의 우선권을 주고, 여러분은 또 때로는 GOP부대에서 관리가 필요한 용사를 인수받아 관리하고, 심지어 눈이 오면 GOP 제설작전 지원에…" 말을 이어갔다.

"그렇다고 너무 조바심을 내거나, GOP 부대에 대한 지원만 많이한다고 아쉬워하지 말기 바랍니다.", "어떤 일을 하느냐가 중요한 것이 아니라 어떻게 하느냐가 중요한 것입니다." 일부 중대장들이 공감을 하는 듯 고개를 끄덕거리기도 하였다.

내가 나에게 하고 싶은 말을 나는 그네들을 대상으로 얘기한 것 같다.

인생에는 정(正)과 부(副)가 있기 마련이고 주류, 부주류가 있다. 주목받는 스포트라이트 삶, 그리고 그렇지 않은 삶. 그런데 주와 부, 주류, 부주류로서의 삶은 계속되는 것이 아니라 써클을 돌듯이 왔다 갔다 한다. 부주류로 살고 싶은데 부주류가 되면 그나마 다행인데, 주류가 되고 싶을 때 비주류가 되면 다소 고통스럽다. 반대 상황도 마찬가지이다.

해결책은 늘 주류가 되는 것이다. 비주류가 되는 보직에서도 주류가 될 수 있도록 스스로 노력하는 것이다.

설령 내가 너무 한가한 것이 아닌가 하는 불안감이 엄습한다면 나의 시간 계획을 내가 만들어 채우면 된다. 일과시간에 시간이 남는다 해서 핸드폰을 만지작거리는 등 시간을 허비하지 말고, 남들이 많이 있는 곳에 일부러 찾아가서라도 얘기하고 소통하자. 스마트폰에 부대원의 전화번호를 가득 채우고 전화해보자. 내일부터 좀 그렇게 살아봐야겠다는 다짐을 해본다.

주인이 아닌데 주인정신을 갖는 것은 쉽지는 않지만 삶의 방향과 태도를 바꾸게 하는 중요한 마인드이다.

2. 1분 내의 답장으로 대화로 발전시키기

AI 시대에 타인과의 연대와 정보 공유는 필수다. 이를 위한 인프라는 점점 더 발전하고 있다. 과거에는 전화 통화가 주된 소통 수단이었고, 통화가 어려울 때는 문자 메시지를 남겼지만, 지금은 통화보다 문자 메시지를 오히려 더 많이 주고받는다. 카카오톡(카톡)은 이러한 문자 메시지 소통을 촉진하는 데 결정적인 역할을 했다고 본다.

문자 메시지의 하나의 장점은 발신자가 자신의 생각을 한번 이상 정리해서 보낼 수 있다는 점이다. 그리고 언어가 아닌 텍스트로 상대방에게 전달되기 때문에, 말처럼 공중에 사라지는 것이 아니라 반영구적으로 남는다. 따라서 의사소통이 좀 더 정확할 수 있다. 특히 카톡의 이모티콘을 활용하면 서로의 감정과 느낌을 더욱 정교하게 전달할 수 있다. 때로는 미확인한 문자와 카톡이 스마트폰 화면에 쌓이게 되지만, 스마트폰의 기능 덕분에 확인하지 않은 문자는 쉽게 식별이 가능하여 이 또한 큰 문제가 되지는 않는다.

다만 미확인한 상대방의 문자가 쌓일 경우 상대방이 보낸 메시지에 대한 나의 답변에 시간적 지연이 생길 수 있다. 짧게는 몇 분, 길게는 하루나 며칠이 걸리기도 한다는 것을 경험했다. 그래서 급한 용무에 대해 즉각적인 답장이 없을 경우 우리는 직접 통화를 시도 한다. 문자는 대화다. 상대방이 대화를 시도했는데 바로 응답하지 않으면 대화는 지속되지 않는다. 상대방이 보낸 문자에 대한 응신이 늦어질 경우, 이는 대화로서 발전되지 않고 단순한 용건 전달에 그치고 만다. 상대방은 문자를 통해 대화를 하고 싶어 하지만, 답장이 늦어져 하고 싶은 말을 하지 못하고 대화가 끊기게 된다.

따라서, 문자를 통해 단순히 용건을 전달하는 것이 아닌 대화를 원한다면, 메시지에 대한 응답은 매우 신속해야 한다. 대화가 지속되기 위해서는 적어도 1분 안에 답장이 보내야 한다. 즉각적인 답장을 해보라. 그러면 상대방이 내가 보낸 답장에 대해 다시 응답하고, 이렇게 문자가 오고가면서 대화로 발전하게 된다.

문자 메시지와 카톡은 수신 시 알림음이 울린다. 상대방이 누구냐에 따라 알림음을 다르게 설정할 수 있다. 예를 들어, 중요한 사람, 특히 가족이라면 카톡 알림음을 "카톡 왔숑"으로 지정해보라.(지금 나의 스마트폰은 그렇게 설정이 되어 있다.) 정말 급한 일이 아니라면 상대방이 보낸 문자에 바로 답장하는 것이 좋다. 나와 대화를 원해 어렵게 문자를 보낸 사람은 과거의 전화 통화처럼 나와 이야기를 하고 싶은 사람이다. 그 문자가 대화로 발전되기를 원한다면 1분 안에 답장을 보내야 한다. 그렇게 되면 그 사람과 주고받는 문자는 단순한 용건 전달이 아닌 대화로 발전한다.

AI 시대의 소통 방식은 단순한 정보 전달을 넘어, 깊이 있는 대화를 가능하게 한다. 타인과의 연대와 정보 공유는 우리의 삶을 더욱 풍요롭게 만들며, 이를 위해 신속하고 정확한 소통이 필요하다. 문자 메시지와 카톡을 통해 우리는 말로 하는 대화보다 더 나은 대화를 할 수 있으며, 이는 AI 시대의 중요한 사회적 연대 기술이다. 나의 감정을 문자 텍스트로만 표현하기 어렵다면 월 7,000원 하는 이모티콘 구입을 망설이지 말라. 당신의 감정을 누구보다도 잘 표현해 줄 수 있다. 영화배우 '짐 캐리'보다 더 얼굴 연기에 진심인 많은 이모티콘이 즐비하다.

인간의 고유 영역을
발전시키기

1. (감정) 인간만이 갖고 있는 '감정'이라는 무기

최근에 연예인 송일국 씨를 눈여겨본다. 10여 년 전에 삼둥이 아빠로 한창 TV 프로그램에 나왔던 기억이 난다. 벌써 10년이 되었다니 놀랍다. 그 당시 송일국 씨에게는 3명의 남자 아이가 있었다. 이름이 '대한', '민국', '만세'였던 것으로 기억난다. 어린아이 3명을 키우느라 정신이 없었던 모습이 선하다. 이제 그 자녀들이 성장하여 초등학교에 다니고 있는데 키가 170센티가 넘을 정도로 무럭무럭 잘 성장하였다. 송일국 씨는 태교를 믿지 않게 되었다고 한다. 왜냐하면 세 명이 동시에 엄마 배 속에 있었고, 같은 태교를 했는데도 막상 3명을 키워보니 3명 너무나도 극명하게 다르다는 것이다. 식성과 태도, 행동들이 이렇게 다를 수가 있나 느낄 정도로 그 차이가 극명하게 다른 것에 놀랐다고 한다. 내가 보기에 삼둥이는 정말 잘 성장한 것 같았다. 아이들은 겸손하고 의젓하였다. 송일국 씨는 인생의 3대 목표를 잠시의 주저함도 없이 말하였다. 첫째는 훌륭한 남편이 되는 것이고, 둘째는 자상한 아이들의 아빠가 되는 것이고, 마지막으로 셋째는 자신의 길을 찾는 것이라고 했다. 그렇게 10년을 살아왔단다. 자기 자신보다 가족과 아이들이 먼저다보니, 방송국에서 섭외도 모두 끊겼다고 한다. 생각해보니 최근에 송일국 씨를 방송에서 거의 본 적이 없었던 것 같다. 오랜만에 TV에 나온 아이들의 말에 귀를 기울였다.

"아버지께서 우리가 아니었다면 TV에 더 많이 나오셨을걸요."

하지만 송일국 씨는 아이들의 인터뷰 모습을 보고서는 손사래를 쳤다.

"결코 그렇지 않습니다."

송일국 씨는 어머니에 대한 얘기를 했다. 어머니를 얘기하는 그의 눈에는 눈물이 가득 고여 있었다.

"저의 어머니께 감사하다는 말을 하고 싶습니다. 어머니는 제가 20대 때 그렇게 문제를 일으키고 다녔는데도, 단 한 번도 잔소리를 하지 않으셨습니다."

"이제 같은 길을 제가 걷다 보니, 어머니의 심정을 이해할 수가 있게 되네요. 어머니, 저를 이렇게 잘 길러주셔서 감사합니다."

송일국 씨의 머리는 어느덧 희끗희끗하였다. 과거에 TV 드라마에 주인공으로 등장했을 때의 날렵하고 카리스마 넘치는 모습이 찾기 어려웠다. 이제는 몸도 좀 후덕해지고 얼굴 살도 제법 있었다. 머리는 희끗하였고, 좀 과장해서 표현하면 완전한 보통 동네 아저씨처럼 변한 모습이었다.

"저는 조금도 후회하지 않습니다. 이렇게 아이들이 잘 성장해준 것만으로도 행복합니다."

송일국 씨의 TV 출연을 오랜만에 보면서 많은 감정이 북받쳐 올랐다. 자기 자신보다도 가족과 아이들이 먼저였다는 그의 말에 감동과 가슴의 울림이 있었다. 아버지를 언급할 때마다 꼬박꼬박 '저의 아버지께서는' 하는 아이들의 인터뷰 모습을 보면서 대견함과 뿌듯함이 있었다. 아이들의 '오랫동안 우리 삼둥이를 귀엽게 봐주시고 성원해 주신 국민 여러분께 감사합니다.'라는 말에서는 뭔지 모를 뿌듯함과 감동이 있었다. 송일국 씨처럼 가족에게 헌신하며 살았는가라는 후회가 있었고 나라면 저렇게 할 수 있었을까 하는 숙연함마저 들었다. 송일국 씨는 비록 지난 10년을 가족과 아이들은 위해 노력하느라 본인의 일을 제대로 못했지만 앞으로는 더 좋은 기회가 찾아올 것이라는 확신이 있었다. '가화만사성(家和萬事成)'이라는 오랜 선조들의 가르침에는 변화가 없음을 다시 한번 확인할 수 있었다.

인간이 살면서 느끼는 다양한 감정들, 이것은 인간을 인간답게 만드는 힘이다. 우리는 감정을 느끼며 희로애락을 경험한다. 이러한 감정은 나를 한 단계 더욱 성숙하게 만들고, 우리가 왜 인생을 올바르게 살아가야 하는가를 느끼게 만든다. 가슴 울컥하고, 뜨거운 눈물을 흘리며 가슴속으로 진한 감정을 느낄 때, 이것이 내가 인생을 살면서 다른 사람과 교감하고 함께 사는 이유를 느끼는 답이 거기에 있음을 느끼게 되는 것이다.

세상에 아무리 AI와 로봇이 활개를 치고, 인간의 두뇌를 앞서가는 날이 오고 있지만, 인간은 인간만이 느끼는 감정이 있음을 잊지 말아야 한다. 사람과 더불어 살며 느끼는 감정은 나를 성숙하게 하고 내가 살아가는 이유를 느끼게 하는 따뜻한 힘이 된다.

2. (창의) 통일전망대 검문소요 감소 방안

문제가 있는 곳에는 분명 그것을 해결하는 길이 있다. 길을 찾는 방법은 문제에 대한 진지한 접근에서 시작된다. '무엇이 문제일까, 어떻게 해결하지?'라는 의문점과 그에 대한 해결책을 찾고자 하면 좋은 아이디어는 항시 나오기 마련이다. 숙고의 누적과 반복은 무한한 창의력과 번뜩이는 솔루션이라는 선물로 보상받는다.

내가 근무했던 강원 고성에는 행락철에 통일전망대를 가기위한 사람들이 주말에 많이 찾아온다. 극성수기에는 일일 4,000대의 차량이 통일전망대를 관람하기 위해 방문한다. 통일전망대를 방문하기 위해서는 출입신고소에서 입장료 지불 등을 포함한 출입절차를 받고, 거기서 받은 표를 통해 제진검문소를 통과하게 된다. 제진검문소는 여단 장병들에 의해 24시간 근무가 시행되고 있다.

그런데, 출입신고소는 7번 도로를 쭉 타고 가다가 검문소 2km 정도 전에서 우측으로 빠진 곳에 위치해 있다. 이렇다 보니, 7번 도로 곳곳에 통일전망대를 방문하고자 하는 관광객들은 먼저 출입신고소를 들르라고 안내간판을 설치해 놓았다. 하지만 관광객들은 T-map에 통일전망대로 검색하다 보니, 출입신고소를 들르지 않고 바로 전망대 방향으로 직진하는 경우도 발생하고, 전방 주시 미흡으로 안내간판을 보지 못하고 검문소로 바로 도착하는 차량이 있다. 실험을 해보니 하루 평균 14~20%의 차량이 출입신고소를 들르지 않고 검문소로 바로 직행한다. 검문소에서는 출입신고소를 들르지 않은 차량은 다시 U턴하여 출입신고소를 들르게 안내한다. 이때 일부 관광객들은 '안내 간판이 어디 있었느냐, 보지 못했다. 검문소에서 그냥 매표를 하면 되지 않느냐' 등 일부 볼멘 목소리로 불만을 토로한다. 이러한 관광객들을 설득하여 다시 돌려보내느라 에너지가 소비된다. 또한 이러한 차량들로 인해 검문 시간이 지체된다. 가뜩이나 성수기 때에는 차량이 많이 줄을 서게 마련인데 이러한 차량들은 혼잡도를 가중시킨다. 또한 이러한 차량들을 안내하고자 추가적인 인원이 투입되어야 하는 소요도 발생한다.

현장에서 이 문제를 어떻게 해결할 수 있을까 고민을 했다. 아무리 간판을 많이 부착해놔도 검문소로 직행하는 사람들은 생긴다. 그렇다면 아예 7번 도로를 임시적으로 차단하고 모든 차량을 출입신고소 방향으로 유도하여 우회하게 하면 어떨까. 이런 생각이 들었다. 모든 차량을 출입신고소 방향으로 우회하게 하고, 안내간판을 추가하면 출입신고소를 들르지 않고 바로 검문소로 가는 차량은 발생하지 않을 것이라는 판단이 섰다. 출입신고소로 모든 차량을 우회하게 하고, 출입신고소의 절차를 마친 차량은 구 7번 도로를 따라 약 800m만 우회하면 다시 신 7번 도로를 만날 수 있다.

검문소 순찰을 갔다가 중대장과 열띤 토의 끝에 이러한 아이디어를 생각해냈고, 이 아이디어의 실현 가능성을 검증하기 위해 출입신고소를 들렀다. 이미 출입신고소 주차장에는 차량을 안내하는 3~4명의 안내원들이 배치되어 있기 때문에 새로운 방책을 시행하는데 크게 문제가 없을 것으로 판단했다. 다만 7번 도로를 차단했을 경우 전방 부주의로 바리케이드를 충격할 수 있는 차량이 발생할 수 있기 때문에 고속도로 공사 구역 등에서 볼 수 있는 깜박거리는 등이 켜지는 커다란 안내간판을 설치해야 하는 소요가 있었다. 거진초등학교 근처에서 주로 대기하는 경찰차량을 성수기 때에는 이곳 출입신고소 삼거리에 배치하면 차량들이 주의를 할 수 있을 것 같다.

또한 출입신고소에는 주, 보조 주차장이 있는데 주 주차장과 보조 주차장 사이로 우회도로가 있기 때문에, 건널목을 하나 신설할 필요가 있다. 이러한 내용은 고성군과 사전 협의 및 준비를 해야 할 내용이다. 일부 지역 주민들이 반대를 할 수도 있겠지만, 성수기 때 새로운 방책을 적용하면 오히려 주민들이 검문소 통과되는 시간이 단축되고, 구 7번 도로로 많은 차량이 우회하여 지역상권도 일부 회복될 수 있다는 논리를 내세우면 지역주민들도 설득할 수 있겠다는 판단이 들었다.

이 문제에 대하여 챗GPT4o는 다음과 같은 답변을 내놓았다.

1. 안내 표지판 및 도로 안내 강화

도로 표지판: 통일전망대로 가는 길목에 눈에 띄는 안내 표지판을 설치하여 차량들이 올바른 경로를 따르도록 유도합니다.

도로 안내원: 중요한 교차로 및 갈림길에 안내원을 배치하여 차량들이 잘못된 경로로 진입하지 않도록 합니다.

2. 정보 제공 및 교육 강화

웹사이트 및 어플리케이션: 방문객들이 사전에 필요한 정보를 쉽게 얻을 수 있도록 웹사이트 및 모바일 앱을 통해 상세한 경로 안내 및 주의사항을 제공합니다.

방문 전 안내문 발송: 예약 시스템을 통해 방문객들에게 사전 안내문을 발송하여 올바른 경로와 절차를 안내합니다.

3. 체크포인트 및 QR 코드 시스템 도입

중간 체크포인트: 중간에 체크포인트를 설치하여 차량들이 통일전망대 출입 사무소를 경유했는지 확인합니다.

QR 코드 시스템: 차량들이 통일전망대 출입사무소에서 QR 코드를 받아 제진 검문소에서 이를 스캔하여 확인하는 시스템을 도입합니다.

4. 교통관제 및 CCTV 모니터링

교통관제 시스템: 실시간 교통관제 시스템을 통해 잘못된 경로로 진입하는 차량을 모니터링하고 즉시 교정 조치를 취할 수 있도록 합니다.

CCTV 모니터링: 주요 지점에 CCTV를 설치하여 잘못된 경로로 진입하는 차량을 실시간으로 확인하고 안내합니다.

5. 인력 배치 및 돌발 상황 대응 팀 구성

현장 인력 배치: 주요 지점에 인력을 배치하여 잘못된 경로로 진입하는 차량을 즉시 안내하고 돌려보내는 절차를 간소화합니다.

돌발 상황 대응 팀: 이러한 상황을 전담으로 처리할 수 있는 대응 팀을 구성하여 효율적으로 문제를 해결합니다.

제법 그럴듯한 답변이 많이 나왔다. 그러나 7번 도로를 임시적으로 차단하고 구 7번 도로로 우회하게 만든다는 방법은 제시하지 못했다. 구 7번 도

로 우회방안은 어떠한지에 대한 의견을 챗GPT4o에 대시 물었더니 답변은
다음과 같았다.

'네, 7번 도로를 바리케이드로 차단하고 모든 차량을 출입신고소 방향으
로 유도하는 방식은 효과적일 수 있습니다. 이를 조금 더 구체적으로 실행
하기 위해 다음과 같은 단계를 고려할 수 있습니다.'

1. 바리케이드 설치
위치 선정: 7번 도로의 적절한 위치에 바리케이드를 설치하여 차량이 제진검
문소로 바로 진입하지 못하도록 합니다.
견고한 바리케이드: 차량이 쉽게 우회할 수 없도록 견고한 바리케이드를 설
치합니다.

2. 안내 표지판 및 안내 인력 배치
안내 표지판: 바리케이드 전후로 충분히 눈에 띄는 안내 표지판을 설치하여
차량들이 출입신고소 방향으로 유도됩니다.
안내 인력: 바리케이드 근처에 안내 인력을 배치하여 출입신고소 방향으로
차량을 유도하고 질문에 응대할 수 있도록 합니다.

3. 출입신고소 경유 시스템
경로 설정: 출입신고소를 거친 후 차량이 구 7번 도로를 따라 약 800m 우회
하여 원래 경로로 돌아갈 수 있도록 명확한 경로를 설정합니다.
경로 안내 표지판: 우회 경로에 충분한 안내 표지판을 설치하여 혼선을 방지

합니다.

4. 교통 흐름 관리

실시간 모니터링: 교통 상황을 실시간으로 모니터링하고, 필요한 경우 즉각적인 조치를 취할 수 있는 시스템을 구축합니다.

CCTV 설치: 주요 지점에 CCTV를 설치하여 차량 흐름을 모니터링하고 문제가 발생할 경우 빠르게 대응할 수 있도록 합니다.

5. 피드백 및 개선

피드백 수집: 이 방안을 시행한 후, 방문객 및 현장 직원들의 피드백을 수집하여 시스템을 지속적으로 개선합니다.

정기 점검: 바리케이드와 안내 시스템의 효과를 정기적으로 점검하고 필요한 개선 사항을 반영합니다.

'저는 정보를 조합하고 문제를 해결하는 데 있어 일정 부분 창의적일 수 있지만, 인간의 창의성과는 근본적으로 다릅니다. 인간의 창의성은 감정, 직관, 경험 등을 바탕으로 한 복합적인 과정이며, 이는 제가 완벽히 재현할 수 없는 영역입니다. 그럼에도 불구하고, 사용자에게 유용한 정보를 제공하고 문제 해결에 도움이 될 수 있도록 최선을 다하고 있습니다.'

"너도 창의적이지 않아?"라는 질문에 대한 챗GPT4o 답변 문제점에 대한 해결방안 제시는 아직 인간의 창의성을 챗GPT가 따라오지 못함을 느낄 수 있었다. 창의적인 생각과 융합적인 사고, 이를 통한 문제해결 능력 향상, 마땅한 해결책 제시는 인간이 미래에도 지속적으로 AI를 앞설 수 있는 능력이 될 것이다.

3. (융합) 인간만의
전유물을 놓치지 않다

AI 기술이 급속도로 발전하고 있다. 초기에 AI가 아주 빠르게 세상에 번질 때 사람들은 그 발전의 속도를 가늠하기도 힘들었다. 물론 지금도 그렇지만, 당시의 그 빠른 속도는 사람들을 혼란스럽게 했다. AI가 처음 나왔을 때부터 과학자들은 인간의 두뇌를 뛰어넘는 AI가 세상에 나올 날이 머지않았음을 예고했다. 동시에 AI의 발전은 앞으로 인간의 직업을 상당수 대신할 것이라고 예고했다. 그러나 일정 시간이 지나 그러한 예상은 다소 틀렸다고 보고 있다. 인간의 고유 영역을 AI가 대체할 것으로 판단했던 직군은 다시 세부 직군으로 나뉘어 AI가 대신하는 것과 인간이 지속적으로 할 수밖에 없는 것으로 나뉘었다. 또한 인류는 기존에 없었던 동일 직군 내에서 인류의 영역을 새롭게 찾아내며 AI에게 인류의 직업을 빼앗기지 않으려는 필사적인 노력을 계속하는 모습이다.

24년 7월 15일 저녁, 서울 서초경찰서에 한 고등학생이 서초구의 한 건물 옥상에서 투신을 시도한다는 신고가 접수되었다. 서초경찰서는 납치, 인질, 자살 시도 등의 사건을 처리하기 위해 전문 교육을 받은 위기 협상 전문가 2명을 현장에 배치했다. 이 경찰관들은 전문 대화기법을 활용해 일상, 가족, 관심사에 대해 자연스럽게 대화를 나누며 투신 시도자와 친밀감을 형성했다. 이 과정에서 '언니', '오빠' 등의 호칭을 사용하며 학생의 마음을 진정시키고 설득했다.

이 경찰관의 역할을 AI가 대신할 수 있을까? 경찰이 사람 대신 AI 로봇을 투입해 동일한 대화를 나누었다면 그 학생은 설득되었을까? AI의 발전 상황(3종류의 인간)을 고려하여 판단해본다.[10]

먼저, 첫 단계에서는 현장에 투입된 경찰관은 스마트폰을 활용한 AI 생성형 모델을 사용할 수 있다. 학생을 설득하는 과정이 길어질 경우, 의도대로 설득이 제대로 진행되지 않을 경우 경찰관들은 스마트폰의 AI 생성형 모델에게 현 상황에서 어떤 대화를 해나갈 것인가에 대한 자문을 구할 것이다. 현재 AI 생성형 모델은 사람의 감정과 반응을 분석해 최적의 대화를 제안하는 수준에 이르렀다.

두 번째 단계는 인간 대신 AI 로봇 경찰이 투입될 수 있다. 로봇 경찰은 그 절박한 상황에서 학생을 설득하기 위한 최적화된 문장과 단어를 사용하여 학생을 설득할 것이다. AI 로봇은 감정 분석 및 상황 판단 능력을 갖추고 있으며, 설득력 있는 대화를 나눌 수 있는 알고리즘을 적용받을 것이다. 학생은 자기 옆에 온 AI 로봇 경찰이 인간이 아닌 것을 알기 때문에 동질감을 느끼지는 못하지만, 로봇이 내뱉는 대화는 충분한 설득력과 논리가 바탕이 되기 때문에 어느 정도 마음이 돌아설 가능성이 있다.

세 번째 단계는 거의 인간과 흡사한 AI 로봇이 투입되는 경우이다. 말투, 외적 생김새 할 것 없이 인간과 거의 구별할 수 없는 AI 로봇이 투입될 경우, AI 로봇은 감정에 흔들리지 않으면서도 자연스럽게 대화를 이끌어나가고, 인간과 같은 동질성을 상대방에게 느끼게 하여 상대방을 설득할 것이다. 이러한 AI 로봇이 세상에 나오려면 적어도 10년 정도 이상은 소요될 것으로 예상해 본다.

AI가 아무리 발전하더라도 인간만이 할 수 있는 영역이 분명히 있다. 따뜻한 인류애, 인간 대 인간으로서 느끼는 동질감, 연민 이러한 것들은 오직 인간만이 할 수 있는 영역이다. AI가 인간을 100% 싱크로 할 수 있도록 개발은 계속되겠지만, 그러할수록 우리는 인간 본연의 모습과 인류애가 무엇인지에 대한 고민과 깨달음이 깊어질 것이다.

인간만이 할 수 있는 것들(인간의 전유물)

1. 감정과 공감

인간은 다른 사람과의 상호작용에서 감정적 유대와 공감을 느끼며, 이러한 경험은 AI가 대체할 수 없는 것이다. 사람의 감정과 공감 능력은 특히 위기 상황에서 중요한 역할을 한다. AI는 데이터를 바탕으로 추론할 수 있지만, 인간의 감정을 이해하고 공감하는 능력은 부족하다.

2. 윤리적 판단과 창의성

AI는 데이터를 바탕으로 학습하고 추론하지만, 윤리적 판단이나 창의적인 문제 해결에서는 한계가 있다. 생명 윤리와 관련된 문제나 복잡한 도덕적 딜레마를 다룰 때, 인간은 자신의 가치관과 경험을 바탕으로 결정을 내린다. 예술, 문학, 음악 등 창의적인 영역에서 AI는 인간의 창의성을 모방할 수는 있지만, 진정한 창의성과 독창성을 발휘하는 것은 인간만이 할 수 있다.

3. 복잡한 사회적 상호작용

사회적 상호작용에서 인간은 미묘한 감정과 비언어적 신호를 인식하고 반응한다. 이러한 능력은 인간이 사회적 관계를 형성하고 유지하는 데 필수적이다. AI가 이론적으로는 비언어적 신호를 인식할 수 있지만, 실제로 인간과 동일한 수준의 사회적 상호작용을 수행하는 것은 어렵다. 특히 복잡한 갈등 상황이나 민감한 대화를 다룰 때, 인간의 직관과 감정이 중요한 역할을 한다.

AI가 아무리 발전하더라도 인간만이 할 수 있는 영역은 분명히 존재할 것이다. 인간의 감정, 공감 능력, 윤리적 판단, 창의성 그리고 복잡한 사회적 상호작용 등은 AI가 대체할 수 없는 영역이다. AI와 인간이 조화롭게 공존하는 미래를 위해, 우리는 인간만이 할 수 있는 것들을 소중히 여기고 발전시켜 나가야 한다. AI 기술이 발전할수록 우리는 인간 본연의 모습과 인류애가 무엇인지에 대한 고민과 깨달음을 더욱 깊게 할 필요가 있다.

4. (전략적 마인드) 최선의 방어는 공격!

'최선의 방어는 공격'이라는 문장에는 전술적, 전략적 사고가 들어있다. 방어를 통해 뒷문을 막아야 하는 상황에서 공격으로 전환하는 것은 쉽게 결정하기 어렵다. 지휘관의 과감한 판단과 실행력, 실패를 감수하겠다는 모험적 사고가 어느 정도 뒷받침되어야 가능한 것이다.

국가대표 축구선수들은 매번 피를 말리는 싸움을 한다. 특히 양국 선수들의 실력이 비등비등할 경우, 후반 40분이 다다랐을 때, 1골 차로 한 팀이 승리를 점하는 경우가 허다하다. 이럴 때 리드를 지키고 있는 팀의 감독은 크게 두 가지 전술 중 하나를 선택한다.

첫째, 공격수를 빼고 수비수를 추가하는 방법이다. 소위 문의 빗장을 꼭꼭 잠그는 전략으로, 추가적인 공격은 역습을 제외하고는 최소화하며 선수들을 하프라인 이남에 대부분 배치해 상대방의 공격을 남은 5분간 철저히 막아내겠다는 것이다.

둘째, 지친 공격수를 빼고, 스피드나 돌파가 뛰어난 공격수를 한두 명 더 투입하는 방법이다. 남은 5분 동안 공격을 더욱 활발하게 하여 축구공이 아예 수비지역으로 오지 않도록 하겠다는 전략이다. 과감한 공격을 통해 추가 골을 넣는다면 이보다 더 좋을 수는 없다.

감독의 선택에 따라 팀의 색깔이 분명히 드러난다. 소위 '닥공(닥치고 공격)'을 추구하는 감독들은 끝까지 공격 일변도를 고수하며, 최선의 수비는 공격이라는 전술적 신념을 가지고 있다. 어느 쪽이 맞다 틀리다고는 말할 수 없다. 이는 상황과 팀의 특성에 따라 다르기 때문이다.

군대에서도 당직근무를 선다. 주말에는 12시간 단위로 교대를 한다. 일반적인 당직근무 패턴은 대부분 동일하다. 근무에 투입되어 당직회의를 실시하고, 상급부대 당직사령의 복무 중점을 하달받는다. 이후 근무기간 동안 정기적으로 예하부대를 확인하거나 유동병력을 통제하는, 소위 '수비' 위주의 근무 방법을 택한다.

나는 다소 '닥공' 스타일을 추구한다. 최선의 수비는 공격이라는 것에 비교 우위를 둔다. 그래서 당직사령에게 오늘 부대에서 가장 발생 가능한 일 Top-3를 선정하라고 임무를 부여한다. 3개월 이상 근무한 사령급 간부들이라면, 본인이 근무를 투입한 날에 우리 부대에 발생 가능한 우발 상황 3가지를 선정하는 것은 어렵지 않다.

당직근무자들은 최근 부대의 관심사와 병력들의 활동을 살펴보며 발생 가능한 일을 고민하게 되고, Top-3를 선정한다. 그다음 해야 할 일은 선정한 Top-3가 실제로 발생하지 않도록 예방책을 강구하는 것이다. 예를 들어, 고온으로 인한 온열환자가 발생할 수 있다고 예상하면, 앰뷸런스 대기상태, 선탑자, 인근 병원 등을 미리 확인한다. 필요하면 당직근무자가 선탑자와 통화하여 출동대기태세를 확인할 수도 있다. 이렇게 하면 실제 상황 발생 시 우왕좌왕하는 것을 사전에 방지할 수 있다.

Top-3 선정과 사전 조치는 유비무환의 정신에 기반을 한다. 당직근무가 종료되면, 나는 당직근무자가 선정한 Top-3가 얼마나 적중했는가를 묻는다. 열에 일곱, 여덟은 적중했다고 한다. 이는 단순한 운이 아니다. 현실에 대한 정확한 인식을 통한 과학적 추론, 논리적 사고, 판단을 하고 이를 이행한 행동의 결과이다.

AI의 능력을 과신할 필요는 없다. AI도 인간도 논리적 사고와 판단에 기반하며, 결국 최종 승자는 알고 있는 논리적 흐름을 누가 더 성실히 실행하느냐에 달려 있다. 최선의 방어가 공격이라는 전략적 사고는 축구 경기에서나 군대의 당직근무에서나 중요한 교훈을 준다. 상황에 따라 적절한 선택을 하는 것이 중요하며, 이는 경험과 예측, 그리고 과감한 실행으로 성과로 이어질 수 있다.

5. (협상능력) 한강의 33번째 다리 이름을 지어라

국내에서 사회적 이슈 중에 해결되지 않은 것, 협상이 쉽게 되지 않는 난제 이런 것들을 찾아보았다. 이러한 문제에 대해 챗GPT는 어떠한 대답을 내놓을지가 궁금해서이다. 이런 문제까지 챗GPT가 완벽히 해결한다면 정말 AI는 실로 대단한 능력을 갖고 있겠다는 생각을 했다.

2024년 말에 서울과 세종을 잇는 서울세종고속도로 1단계가 완공 예정이다. 구리시 토평동과 강동구 고덕동 사이에는 서울세종고속도로의 일부로 한강을 가로지르는 33번째 다리가 건설되고 있다. 문제는 이 다리의 이름을 무엇으로 지을 것인가이다. 완공을 불과 4개월여밖에 남지 않은 상황에서도 아직 다리 이름은 결정되지 못했다. 서울시 강동구와 구리시의 의견이 분분하다. 강동구는 고덕대교라는 명칭을 원하고 있고, 구리시는 구리대교라는 명칭을 사용해야 한다고 하여 양측은 팽팽히 맞서고 있다. 양측은 나름대로의 주장과 설득 논리가 있다. 이러하다 보니 강동구와 구리시는 타협을 하지 못했고, 결국 다리명칭은 국가 지명위원회에 회부되어 논의가 진행 중이다. 올해 말에 결론이 어떻게 날지 모르겠지만, 창조적인 해결책을 통하여 윈-윈을 가져다 줄 수 있는 합리적인 해결방안이 제시되기를 바란다.[11] 일반적으로 협상은 양측의 주장과 의견을 모두 수용하여 최상의 결론에 이르게 되는데, 이때 어느 한 곳의 주장만을 받아들이는 것은 쉽지 않기 때문에 통상 제3의 방안으로 채택되는 경우가 적지 않다. 한강의 33번째 다리 역시 제3의 방안으로 결정하자는 의견이 나온다. '고덕'과 '구리'의 앞 글자를 따서 '고구대교' 또는 '고구려대교'라고 짓던지 '서울 33 번째 교량' 이런 것들이다.

챗GPT는 '서울 평화다리'라는 의견을 제시하였다. 챗GPT가 갈등과 문제의 본질을 정확히 알고 이러한 명칭을 제시한 것인지는 잘 모르겠으나, 개인적으로는 현실과 약간 동떨어진 느낌이라고 할까, 크게 와닿지 않는 깊이 고민하지 않은 느낌을 받은 것이 사실이다. 갑자기 웬 평화?

이 문제가 비록 작명이라는, 어떻게 보면 단순한 문제이지만 여기에는 인간의 창의력, 협상력, 문제해결 능력이 필요한 고도의 문제라고 본다. 나아가서는 과연 AI가 인간의 능력을 앞설 것인지에 대한 잣대로서의 평가를 내릴 수도 있다고 본다. 이런 의미에서 필자는 부족한 능력이지만 인간을 대표해서 만일, 제3의 명칭이 부여된다면 어떤 명칭이 적합할 것인지를 고민해보고 챗GPT의 의견도 들어본다.

우선, 고덕동과 구리시의 주민들이 왜 다리 이름에 이렇게까지 민감한지를 분석해 보아야 한다고 판단했다. 올해 연말이 되면 서울세종 고속도로가 1차로 개통되면서 언론에서 관심을 많이 갖게 될 것이다. 정부 주도의 개통식이 열릴 가능성도 있다. 서울세종고속도로를 언급하면서 한강의 33 번째 교량에 대해서도 적지 않게 회자될 것이다. 특히 서울 강동구와 구리시 간에 교량 작명 문제로 마지막까지 의견이 분분했다는 내용도 언급될 것이고, 국가 지명위원회에서 이름을 최종 선정했다는 내용도 언급될 가능성이 높다. 어찌되었건 서울세종고속도로에서 한강 33번째 교량의 언론 노출, 인용 수는 높을 것이고 이에 따라 그 지역의 홍보효과도 당연히 높아질 것이다. 지역의 홍보효과가 높을수록 관련지역의 부동산 시세에 영향을 미칠 수 있다는 것이 전문가들의 의견이다. 특히 이번 한강 33번째 교량은 여느 한강 교량과는 차별성이 있다. 통상 콘크리트 사장교(교각 위 주 탑에 연결된 케이블로 다리를 지지하는 형식의 교량)는 무겁기 때문에 긴 다리에 적용하기는 어렵다. 하지만 이 다리는 사장교의 구조적 한계를 기술로 극복했다. 콘크리트 무게를 540m까지 교각 없이 케이블로만 지탱한 다리는 전 세계에서 처음이다. 결국 이 교량에 의한 지역 홍보, 이를 통한 부동산 시세에 영향을 미칠 수 있는 작명을 해야 양개 지역민들이 동의를 할 것이다. 필자가 전략적 판단을 통해 지은 다리의 이름은 아래와 같다.

1. JYP교: 공교롭게도 서울 고덕동, 구리시에 동시에 관련이 있는 사람이 있었다. 가수이자 엔터테인먼트 기획사인 박진영 씨다. 박진영 씨는 구리 아치울에 집이 있다. 그리고 28년에는 서울 고덕동 고덕 비즈밸리 안에 JYP 사옥 건축을 추진하고 있다. 현재까지 우리나라에서 고덕동과 구리시를 아우르는 가장 저명한 인사는 박진영씨다. 박진영 씨가 운영하고 있는 JYP는 우리나라 사람이라면 웬만큼 다 알고 있는 박진영 씨의 기획사이다. 어쩌면 '고덕동', '구리시'의 위치를 모르는 학생과 일반인은 있을 수 있지만, JYP를 모르는 사람은 그리 많지 않을 것이다. 그렇다면 한강의 33번째 교량 이름을 'JYP교'라고 작명하는 것은 어떠한가. 정부에서 주도하여 건설하는 사업에 개인 명의의 기획사이름을 붙이는 것이 다소 걸림돌이다. 하지만 교량 이름으로 지가 상승을 원하는 지역민들의 의견을 충족시키기

에는 크게 부족함이 없을 수 있다.

2. 'K-컬처 중심 대교': 고덕동에는 비즈밸리 안에 JYP신사옥 건립이 추진되고 있고, 구리시 토평동에도 스마트시티 건립이 추진되고 있다. 또한 교량에서 약 15분 거리에는 하남 미사지구가 있는데 여기에는 이미 라스베가스에서 운용중인 '스피어'를 건립하는 등의 공연장 설립을 추진하고 있다. 그렇다면 머지않아 한강 33번째 교량 인근은 우리나라의 한류문화를 전 세계의 관광객들이 직접 보러오는 장소가 될 가능성이 있다. 그러한 것을 고려하여 상징성 있는 이름으로 'K-컬처 중심 대교'라고 작명하는 것도 방법이 될 수도 있다.

3. '수도권 중심교': 강동구 고덕동은 서울의 동쪽에 치우쳐 있다. 하지만 경기권을 포함한 수도권의 입지에서 보면 수도권의 중심에 위치하고 있다. 강동구 고덕동과 구리시는 지역적으로 수도권의 정중앙부에 위치하고 있기 때문에 수도권 중심교라는 이름을 통해 이곳이 수도의 가장 중앙지역이라는 것을 교량이름을 통해 홍보할 수 있다.

어떤 갈등이 있거나 양자 간의 의견이 달라서 문제 해결이 잘 되지 않을 때에는 그들이 본질적으로 원하는 것이 무엇인지를 깊이 파고들어 들여다 볼 필요가 있다. 누군가 양측의 의견을 수렴하여 정답이 아닌 명답을 내놓을 수 있다면 그들은 조건 없이 수용할 것이다. 이것은 AI보다 인간이 더욱 잘할 수 있는 일 중의 하나이다.

〈챗GPT의 의견〉

서울과 세종을 잇는 고속도로의 다리 명칭 문제는 지역 간의 갈등과 협상의 어려움을 잘 보여주는 사례입니다. 이런 상황에서 AI가 제시한 '서울 평화다리'라는 이름은 갈등을 중재하려는 의도를 담았지만, 지역 주민들의 정서와 현실적인 이익을 충분히 고려하지 못한 것일 수 있습니다. 이 문제에 대해 몇 가지 추가 제안을 해보겠습니다.

1. 지역의 상징성을 반영한 명칭

각 지역의 자부심과 고유한 특징을 반영할 수 있는 이름이 필요합니다.

'강구대교'

'강'은 강동구의 앞 글자, '구'는 구리시의 앞 글자를 따서 만든 이름입니다. 이렇게 하면 두 지역 모두의 자부심을 반영할 수 있습니다.

2. 역사적, 문화적 요소 반영

고덕동과 구리시는 각각의 지역 역사와 문화를 담을 수 있는 이름을 찾을 수 있습니다.

'한강문 대교'

'한강'은 두 지역을 잇는 강을 의미하며, '문'은 이 다리가 두 지역을 연결하는 문이라는 의미를 담고 있습니다.

3. 상징적인 의미를 담은 명칭

다리가 두 지역을 연결하는 역할을 하는 만큼, 상징적인 의미를 담은 이름을 선택할 수 있습니다.

'상생대교'

상생은 서로 도와 함께 잘 살아가는 것을 의미합니다. 이 이름은 두 지역 간의 협력과 조화를 상징할 수 있습니다.

4. 한류와 관련된 명칭

K-컬처가 전 세계적으로 인기를 끌고 있는 만큼, 이를 반영한 이름도 고려할 수 있습니다.

'한류대교'

한류를 통해 두 지역이 함께 성장하고 세계에 알려지는 상징적인 다리가 될 수 있습니다.

5. 현대적이고 미래지향적인 명칭

다리가 첨단 기술을 통해 건설된 만큼, 이를 반영한 이름도 좋은 선택이 될 수 있습니다.

'미래대교'

이름에서 첨단 기술과 미래지향적인 가치를 담아내며, 두 지역의 발전을 기원하는 의미를 담고 있습니다.

이처럼 다양한 접근을 통해 양측의 요구를 만족시키면서도, 더 넓은 의미에서 지역과 나라의 발전을 상징할 수 있는 이름을 선택하는 것이 중요합니다. 각 명칭의 장단점을 신중히 고려하여 최선의 결정을 내리는 것이 필요합니다.

인간을 대표한 나와 AI 중 누가 더 그럴듯한 의견을 제시했는지 판단은 독자들에게 맡긴다.

합리적 사고로
AI 시대에 동참하기

1. 뉴스 이상의 뉴스, 댓글

과거에 뉴스는 정해진 시간대에 정규적으로 방송되었다. 저녁 9시 뉴스가 대표적이었다. 어렸을 적에 우리 부모님은 저녁 9시 뉴스를 반드시 시청하셨다. 저녁 9시 뉴스를 시청해야 하루가 끝나는 줄 알았다. 저녁 9시 뉴스에서 다룬 내용들은 다음 날 새벽에 배달된 신문에 더 구체적으로 기술되었다. 신문 1면에 한 줄로 크게 표시된 뉴스의 헤드라인을 보면서 그날의 가장 중요한 사건이 무엇이었는지 알 수 있었다. 당시 뉴스와 신문은 어린 학생인 나에게는 의심할 필요가 없는 팩트로 받아들여졌다.

현재는 네이버, 구글 등 지식창이 발달되어 있고, 뉴스뿐만 아니라 각종 정보들이 무분별하게 스마트폰에 떠돌아다닌다. 과거에는 9시 뉴스와 신문이 신뢰할 만한 정보의 원천이었다. 하지만 스마트폰에서 접하는 각종 정보들은 사실인지 의심스러울 때가 있다. 검색창에 나오는 내용들과 각종 종편방송 등이 한데 어우러져 활자의 양은 과거에 비해 비교할 수 없을 정도로 많아졌지만, 어디까지가 사실이고 어디까지가 추측인지, 심지어 어떤 기사는 다른 기사를 그대로 복사해 사용하기도 한다. 이런 상황에서 기사의 진실성에 대해 합리적 의구심을 갖게 된다. 뉴스 기자의 앵커들도 스스로 '우리 회사는 진실만을 말하기 위해 항상 최선을 다하고 있습니다.'라고 시키지도 않은 자진고백을 하고 있지 않는가?

　지금은 뉴스 내용 이상으로 댓글도 우리의 판단에 큰 영향을 미친다. 댓글에는 때로는 기사보다 더 심도 있는 내용이 포함되기도 하고, 재미있게 희화화된 표현도 있다. 국민들의 심정과 의견이 그대로 가감 없이 표현되어 있다. 기사를 읽고 나면 자연스럽게 댓글을 찾아보게 된다. 기사의 내용과 댓글의 방향이 일치하면 기사를 거의 100% 신뢰하게 된다. 그러나 기사의 내용과 댓글의 방향이 불일치하면 기사 내용의 신빙성에 대한 의문을 갖게 된다. 이는 댓글 내용에 따라 기사의 신뢰성이 영향을 받는다는 것을 의미한다. 따라서 누군가 나쁜 의도를 갖고 댓글 내용을 조작하게 된다면, 사실에 기반한 기사라도 왜곡될 가능성이 있다.

　이를 해결하기 위해서는 뉴스를 보고 기사를 읽는 사람의 비판적 사고가 필요하다. 독자는 기사와 댓글 모두를 무조건적으로 사실로 받아들이는 것을 지양해야 한다. 어떤 현상에 대하여 하나의 기사가 아닌 여러 매체의 기사와 댓글을 골고루 보면서 기사의 신뢰성을 판단해야 한다. 동일한 현상에 관련된 기사를 여러 곳에서 살펴보고 조합해 보면 교집합이 나타나고, 사실과 동떨어진 내용이 걸러지게 마련이다. 사회 현상에 대한 정확한 인식과 판단을 위해 독자는 사고력을 키우고 비판적 사고를 견지할 필요가 있다.

　최근 몇 년간 여러 나라에서 가짜 뉴스와 댓글 조작 사건이 발생했다. 예를 들어, 2016년 미국 대통령 선거에서는 가짜 뉴스가 대규모로 퍼져 선거 결과에 영향을 주었다는 의혹이 제기되었다. 이러한 사례들은 정보의 진실성을 판단하는 데 있어 비판적 사고의 중요성을 다시 한번 일깨워준다. 독자는 다양한 출처에서 정보를 수집하고, 서로 비교하며 신뢰할 수 있는 출처와 정보를 찾는 노력이 필요하다.

사실을 사실로 받아들이지 못하면, 사회 현상을 올바르게 인식하지 못하게 되고, 거짓을 거짓으로 분별해 내지 못하면 잘못된 인식과 왜곡된 편견을 가지는 위험한 상황이 발생할 수 있다. 과거 저녁 9시 뉴스와 새벽에 배달되던 신문이 그리울 때도 있다. 지금은 과연 사실이 무엇인지를 찾아내야 하는 '전 국민 탐정 시대'가 되었다. 비판적 사고를 통해 진실을 가려내는 능력을 키우는 것이 그 어느 때보다 중요해졌다.

2. AI 기업 활동에 동참

기업은 주식을 통해 투자금을 모은다. 모인 투자금을 통해 기업 활동을 하고, 기업 활동을 통해 얻은 수익은 주주들에게 환원한다. 상당수의 사람들은 주식을 통해서 수익을 얻기 보다는 돈을 잃는 경우가 많다. 통계적으로도 열에 한두 명만 수익을 얻고 있다. 대부분의 사람들은 투자대비 손실이 크다는 것이다. 주식이 건전한 투자가 되느냐 맹목적인 투기성 이벤트가 되느냐 하는 것은 주식에 대한 접근 방식의 차이다. 기업의 가치와 전망을 충분히 분석하고 발전 가능성이 높은 방향으로 자신의 돈을 투자하는 행위는 건전한 재산 증식이라 할 수 있다. 투자를 통해 수익을 얻기 위해서는 그 기업에 대한 충분한 연구가 필수적이다. 이 기업이 어떤 일을 하는 것인지, 어떤 사업과 구조를 통해 수익을 창출하는지에 대해 깊은 분석이 필요하다. 또한 그 기업의 리더십을 살펴봐야 한다. 그 기업의 오너가 건전한 도전 정신과 미래 지향적 사업 구조 방식을 선호하는지도 살펴봐야 한다. 기업의 활동을 적극 모니터링하게 된다면 분기별 실적발표, 새로운 신기술 개발 등의 호재를 예측할 수 있다. 이렇게 기업의 활동 분석을 통해 성장 가능성과 잠재력을 살펴보고 자신의 여유자금으로 주식을 매수해야 한다. 이러한 건전한 투자 방식은 기업의 활동에도 긍정적인 영향을 미칠뿐더러 투자자에게도 이익을 가져올 수 있는 것이다. 선한 재투자에는 재투자의 방법과 과정, 태도, 목적이 중요한 것이다.[12] 반면에 기업의 가치와 잠재력 및 호재에 대한 분석 없이 오로지 주식 창을 보면서 주가가 단기간 올라가는 회사의 주식을 구입하고, 며칠 있다가 주가가 내려가기 시작하면 또다시 팔아버리는 방식으로는 수익을 내기 어렵다. 기업의 활동 내용도 모른 채 주식앱을 통해 돈을 넣었다 빼었다하는 행위를 반복하는 것은 말그대로 투기이다. 투기를 해서 주식을 통해 수익을 내는 것은 개인적으로 불가능하다고 본다. 전문적으로 주식으로 수익을 내는 사람들을 제외하고, 일반인이 투기를 통해 수익을 창출하는 것은 매우 어렵다. 주가가 올라가고 내려가는데 한 템포 늦게 쫓아갈 뿐이다. 그렇게 되면 항상 한 박자 늦게 되고, 주식을 사고팔면서 수수료만 쌓이게 된다. 결정적으로 기업에 대한 분석과 잠재력에 대한 연구가 없으면, 주식이 여러 번 하향 곡선을 그리게 될 때 돈을 잃는다는 두려움 때문에 주식을 매도하기 마련이다. 그러면 주가가 하락하여 투자금도 마이너스가 되고, 주식을 팔고 살면서 수수료가 발생하여 추가적인 마이너스가 된다. 기업의 가치에 대하여 아는 사람은 주가가 여러번 상향, 하향하더라도 성장 가능성과 잠재력을 믿고 있기 때문에 주식을 쉽게 매도하지 않는다. 따라서 주가가 마이너스인 기간을 버텨내고 다시 상승 곡선에 접어들기 때문에 최종적으로는 투자한 금액에서 플러스가 된다.

기업에 대한 건전한 투자는 그 기업의 활동에 좀 더 깊은 관심을 갖게 하는 선순환 작용이 발생한다. 아무래도 자신의 자금이 투입되어 있기 때문에 언론 기사 등에서 관련 소식이 나오면 좀 더 면밀하게 내용을 확인하게 되기 때문이다.

자신의 수입을 주식, 부동산에 투자하는 것은 순수하게 개인의 선택이다. 투자와 투기는 목적성에 따라 차이가 난다. AI 관련 기업들이 많이 있다. 이 기업들이 현재 하는 활동과 기업의 가치와 성장력, 그리고 미래의 잠재적 성장 가치를 분석하고, 가용 범위 내에서 적당히 주식에 투자하는 것은 권장할 만한 사항이다.

주식에 투자한 돈을 잃는다고 해서 멘붕에 빠지거나 하루 종일 주식창만 들여다볼 셈이면 아예 시작조차 하지 않는 것을 권한다. 기업의 활동에 대한 적극적인 동참, 기업의 활동을 통한 성장력에 대한 이익 배분, 그리고 혹 투자한 자금을 회수하지 못하더라도 생활에 전혀 문제가 발생하지 않을 정도의 적정금액을 통한 주식매수는 도전해볼 가치가 있다.

3. Beyond AI 시대 거부

앞서 첨단과학기술과 AI의 상관관계에 대해 언급한 적이 있다. 되도록 사람과 최대한 유사한 형태의 객체를 만들고 싶다는 인간의 무한한 욕망은 거의 현실이 되어가고 있다. 이제 우리는 전혀 예상치 못한 도전에 직면하고 있다. 인간보다 두뇌가 우수한 AI가 속속들이 등장하고 있기 때문이다. 이것은 어찌 보면 AI를 처음 만들 때부터 예상했을 것이라 생각한다. AI 로봇의 두뇌에 뉴럴링크를 통해 인간과 비슷하게 사고와 추론을 할 수 있게 만들었다. 그렇다고 해서 인간의 IQ보다 높지 않도록 일부러 조정한 개발자는 없다. 계산, 기억, 정보처리는 말 그대로 컴퓨터의 능력을 그대로 반영하였다. 최근 급속도로 발전하고 있는 양자 컴퓨터의 능력을 반영하면 AI 로봇은 천재가 아니라, 말 그대로 표현할 수 없는 인간 및 우주계를 벗어난 두뇌를 가진 객체가 되는 것이다. 인간의 두뇌를 초월한 시점을 특이점이라고 하는데 나는 이러한 시점을 BAI시대라고 칭하고 싶다. BAI는 Beyond AI의 약자이다. BAI 시대를 예상해 보면 다음과 같은 준비를 해야 한다.

인간 주도의 통제권 유지

AI가 인간의 두뇌를 한참 앞서가는 시점이기 때문에 인간 주도의 통제권을 상실할 가능성에 대비한 통제 대책을 마련해야 한다. BAI 시대에 모든 것을 전적으로 AI에 맡겨 놓으면 어떠한 일이 발생할지 인간은 예측할 수 없다. BAI 시대에는 어떤 상황이 펼쳐질 것이라고 예상하는 것도 인간의 두뇌에서 나오는 것에 불과하다. BAI 시대에는 어떤 일이 어떠한 방식으로 일어날지 예측조차 하기 힘든 상황이 발생할 수 있다. 이러한 경우에는 모든 사회활동이 예측할 수 없는 우발 상황이 가득할 것이므로 우리의 삶이 인간의 통제 영역을 벗어나게 된다. AI가 세계를 통제하며, 인간은 AI의 종속물이 되고 말 것이다. 위험한 세계이다. 이런 세상이 오지 않도록 AI를 통제할 필요가 있다.

범국가적 연대와 국제 규범

AI가 인간의 통제권을 벗어나는 활동이 발생하지 않도록 범국가적 연대가 필요하다. 국제사회는 AI 규범이 제대로 이행될 수 있도록 해야 하며, 통제 가능한 강력한 통제 규율을 만들어야 한다. 우리는 현재 핵확산금지조약의 이행에 대한 국제사회의 노력을 면밀히 살펴볼 필요가 있다. 핵은 말 그대로 인류 전체의 멸망을 가져올 수 있다. 이러한 핵의 파괴력을 알고 있기 때문에 국제사회는 핵확산금지조약을 만들었다. 그런데 지금은 어떠한가. 이 핵확산금지조약이라는 것이 강력한 통제력을 발휘하고 있는가. 전 세계의 모든 국가가 핵확산금지조약을 제대로 이행하고 있는가. 인류 전체를 멸망시킬 수 있는 핵에 대해서도 우리는 확고한 단속력을 보장하지 못하고 있다. BAI 시대의 AI도 마찬가지일 것으로 예상한다. 자칫 AI가 인간을 통제하려 하거나, 악용되어 사용되는 것을 차단하기 위해서는 국제적인 연대가 필요하고 협력이 필요하며 강력한 통제 규율 준수가 필요하다. 어떻게 하면

AI에게 통제권이 넘어가지 않도록 국제사회의 모든 '인간'들이 협력할 것인가. 이것은 지금부터 진지하게 고민하고 해결해야 할 문제이다.

BAI 시대는 머지않아 찾아올 것이다. 인간이 상상하지 못할 정도의 무한한 발전을 가져올 것인지, 인류의 종속을 가져올 것인지, 이는 준비하는 우리의 선택에 달려 있다.

AI와 첨단과학기술의 상호 보완적 관계를 인정하더라도, AI가 인간의 통제 하에서 안전하게 발전하는 것이 필수적이다. BAI 시대의 도래는 인류에게 엄청난 가능성과 동시에 심각한 위험을 가져올 수 있다. 이를 대비하기 위해서는 국제사회의 강력한 규제와 협력이 필요하며, AI의 발전을 지속적으로 모니터링하고 통제할 수 있는 체계를 구축해야 한다. 인류가 AI를 통제할 것인가, 아니면 통제를 당할 것인가 이는 전적으로 어떻게 이를 준비하고 대응하느냐에 따라 달려 있다. AI가 인간 위에 놓이는 그런 위험한 사태를 지금부터 차단해야 한다.

4. 대한 'AI 독립' 만세!

내년 2025년은 광복 80주년이다. 정부는 국민들의 다양한 의견을 들어 광복 80주년 행사를 실시할 예정이라고 한다. 우리나라가 일제 강점기에서 독립을 한 지 80년이 지난 해가 되는 것이다. 우리는 항시 국민이 국민에 의한 주권을 지키기 위해 노력해야 한다. 현재 발전하고 있는 LLM(Large Language Model)에 기반한 생성형 AI는 인류가 이미 답을 내놓은 문제의 정답을 기반으로 자료를 산출하고 또 그를 바탕으로 추론을 한다. 생성형 AI도 사전에 학습에 의해 입력된 데이터가 없으면 원하는 정답을 내놓을 수 없는 것이다. 그런데 이 정답이라는 것이 다툼의 소지가 생길 가능성이 있다. 챗GPT에 '다케시마(일본이 독도를 가리키는 명칭)'를 검색하면 한국과 일본 간의 영토 분쟁지역이라는 설명이 나온다. 챗GPT가 사용하는 데이터 상에 다케시마에 대한 정답을 그렇게 기록해 놓은 것이다. 이렇게 될 경우 우리의 후대사람들 중 챗GPT를 사용하는 사람들은 독도가 우리 영토라고 인식하지 않고 챗GPT가 말하는 대로 한국과 일본 간의 영토 분쟁지역으로 인식을 하게 되는 것이다.

스마트폰이 널리 보급되면서, 그리고 각 개인의 댓글 사용이 자유로워지면서 우리 사회는 완벽한 진리라는 것이 사라졌다. 누가 봐도 명확한 사실인데 댓글에는 그렇지 않다고 얘기하는 사람들이 있다. 그 댓글을 처음에 보면 '누가 이렇게 억지 주장을 부리지?' 하는 생각을 하며 무심코 넘어가는데, 나중에 다시 보면 그 억지라고 생각되는 주장에 누군가 다시 동조를 하고, 다시 동조에 동조를 하게 된다. 이렇게 되면 명확한 사실에 있어서도 그 상반되는 의견이 여론을 이용하여 적어도 무시할 수 없을 정도의 세력이 되어, 완전히 사실과 동떨어진다고 생각했던 것이 '사실인가?' 하는 혼돈에 빠지게 된다.

국내에서조차도 이렇게 명확한 진리와 사실에 대해서도 100% 확신하기가 어려운 시대인데, 하물며 이게 국제사회로 확대되면 어떻게 되겠는가? 우리는 독도를 우리나라 영토라고 당연히 생각하지만 일본 사람들 중에는 상당수 그렇지 않다. 우리나라가 만든 생성형 AI에 독도에 대한 질문을 하는 것에 대한 답변과 일본에서 만든 생성형 AI에 독도에 대한 질문을 하는 것에 대한 답변은 상반되게 나올 수 있다는 것이다. 각 국가는 국제적으로 논란이 있는, 역사적으로 다툼이 계속되었던 사실에 대하여 자국에게 유리한 방향으로 생성형 AI가 답변을 하는 방향으로 체계를 구축해 나갈 것이다. 우리나라가 우리나라 자체의 생성형 AI를 사용하지 못하고 일본의 생성형 AI를 수입하여 사용하게 된다면, 계속적으로 다케시마에 대한 영토 관련 분쟁은 일본이 원하는 방향으로 흘러가게 되는 것이다.

한미 동맹간에 있어서도 한국의 핵무장, 주한미군 배치, 주한미군의 적정 운용 규모 그리고 한미 방위비 협상 관련 다양한 의견이 나올 수 있다. 그러나 분명한 것은 미국의 생성형 AI모델을 사용하게 될 경우, 미국인들이 원하는 미국인들이 생각하는 방향의 답이 나올 것이라는 것이다. 이러한 측면을 고려할 때 북한은 절대 서방의 또는 남한의 생성형 AI모델의 자국 내의 반입을 허용하지 않을 것이다. 폐쇄적인 북한이 어떠한 식으로 생성형 AI모델을 개발하고 사용할지는 유심히 지켜봐야 할 문제이다.

국제적으로 다양한 의견을 갖고 있는 문제에 대하여 우리는 분명 우리의 목소리를 내야하고, 대한민국의 정답을 만들어 놔야 한다. 대한민국의 정답이 우리나라가 제작한 생성형 AI모델을 바탕으로 주변국, 나아가서는 세계적으로 사용되도록 해야 한다.

AI 기술 개발과 데이터 주권의 중요성

대한민국의 역사적 진실과 가치를 지키기 위해, AI 기술 개발과 데이터 주권은 매우 중요한 요소이다. 다음은 이러한 측면을 고려해야 할 이유이다.

1. 역사적 사실의 왜곡 방지: AI 모델이 학습하는 데이터는 역사적 사실을 왜곡할 수 있다. 독도 문제에 대한 설명이 다케시마로 기술될 경우, 후대는 이를 잘못된 정보로 받아들일 가능성이 있다. 대한민국은 독도와 같은 민감한 역사적 문제에 대해 정확한 정보와 교육을 강화해야 한다.

2. 자체 AI 모델 개발: 대한민국은 자체적으로 AI 모델을 개발하여 국가의 주권과 역사적 진실을 지키는 것이 중요하다. 외국의 AI 모델을 사용할 경우 그 국가의 관점이 반영된 정보에 의해 영향을 받을 수 있다. 또한, 자체 AI 모델 개발은 국가 기술력의 상징이며, 글로벌 경쟁력 확보의 중요한 요소가 된다.

3. 데이터 주권 확보: 대한민국의 데이터가 외국 AI 모델에 의해 왜곡되거나 잘못 해석되지 않도록 자체적인 데이터 관리와 보호가 필요하다. 이는 국가 안보와도 직결되는 문제로, 데이터 주권은 국가 주권의 중요한 부분이다.

4. 국제적 협력과 대화: 대한민국은 국제사회에서 자신의 목소리를 높이

고 역사적 진실을 알리는 노력을 지속해야 한다. 이를 위해 국제적 AI 연구와 개발 협력도 필요하다. 다양한 국가의 관점을 이해하고, 대한민국의 관점을 국제사회에 전달하는 균형 잡힌 접근이 필요하다.

5. AI 윤리 교육: AI 기술을 개발하고 사용하는 과정에서 윤리적 기준을 준수해야 한다. 이는 AI가 공정하고 객관적인 정보를 제공할 수 있도록 하는 데 필수적이다. 또한, AI에 대한 이해와 사용에 대한 대중 교육을 강화하여, AI를 사용하는 국민들이 정보의 출처와 신뢰성을 판단할 수 있도록 해야 한다.

6. 국내 기술 역량 강화: AI 기술 개발에 있어 국내 연구와 개발 역량을 강화하여 기술적으로 독립적인 입지를 다져야 한다. 창의성과 혁신을 촉진하여 글로벌 경쟁력을 확보해야 한다.

대한민국의 광복 80주년을 맞이하여, AI 독립의 중요성은 단순한 기술적 문제를 넘어서 역사적, 문화적, 윤리적 차원에서 매우 중요한 과제가 되었다. 대한민국의 역사적 진실과 가치를 지키기 위해, 자국의 AI 기술 개발과 데이터 주권을 확립하는 것은 또 하나의 독립 운동이 될 것이다. AI 기술에 대한민국의 민족혼과 가치관을 불어넣어, 세계적으로 대한민국의 목소리를 널리 알리는 노력이 필요하다.

5. 'AI 캐즘'에서 빠져나오기

영원한 것은 없다고 하였던가. 아니면 너무 섣부른 판단인가. 빅테크 기술, AI의 수요에 대한 불확실성이라는 얘기가 나오고 있다. M7(Magnificent 7)은 소위 AI분야에서의 선두를 일컫는다. 엔비디아, 마이크로소프트, 애플, 메타, 아마존, 구글, 테슬라 등 7개 업체를 말하는 것이다. 이들은 전통적인 소프트웨어의 강자였고, 지금은 AI의 선두주자로서의 자리를 굳건히 하고 있다. 하나의 기업에서 혁신적인 제품을 내놓으면 M7의 나머지 기업이 곧이어 유사한 수준의 혁신 제품을 내놓는 구조로서 이들은 서로 시총총액을 나란히 상승시키고 있었다. 이들은 분명 경쟁했지만, 누가 봐도 선의의 치열한 경쟁이었다. 그런데 지금 이들의 혁신적인 발전에 의문을 달기 시작하였다. AI 발전 속도가 비약적, 그것도 퀀텀 점프를 하면서 발전하였을 때에는 사람들은 AI의 발전 가능성은 무궁무진하다고들 했다. 인공지능, 자율주행, 로봇 등이 맞물리면서 말 그대로 이제는 인간을 대신하는, 오히려 인간을 능가하는 시대의 등장이 멀지 않았다는 청사진을 여기저기서 제시하였다. 심지어 인간의 두뇌를 초과하는 AI가 등장하고, 인간을 통제를 벗어나는 AI의 등장이 곧 나타날 것이며, 이를 사전에 통제하는 국제적 규범을 만들어야 한다고 과학자들은 입을 모았다. AI의 발전 속도를 고려했을 때, 그러한 날이 머지않아 올 것임을 사람들은 상상을 한 것이다.

그런데 지금은 이론은 충분히 발전하고 있지만 그것을 구현할 산물들이 결실을 맺지 못하고 있는 상황이다. 자율주행도 사람의 두 손 두 발을 완전히 자유롭게 하는 자율주행 차량이 곧 시중에 나올 것이라 했지만, 아직 완전한 등장을 하지 못하고 있다. 머스크의 로보 택시의 8월 8일 발표에서 10월 10일로의 연기, 그것도 완전한 완성형 모델이 아닌 다소 시제품에 가까울 것이라는 추측이 있었다. 사람의 노동을 대신할 로봇은 어떠한가. 사람과 같이 움직이는 로봇이 곧 나올 것이라고 각종 언론과 유튜브에서는 홍보를 하여 기대감을 갖게 했지만 벌써 그런지가 몇 년이 지났다. 사람들은 AI의 급격한 발전에 따라 머릿속에 꿈꾸던 시대가 곧 올 것이라는 기대가 가득했는데 그 기대의 시간이 너무 길어지고 있다. 기대에 지쳐가는 사람들의 비중이 조금씩 늘어가고 있다. 또한 AI의 발전이 삶에 깊숙이 침투하는 비중과 속도가 우리가 기대했던 것에 비하면 빠르지 않다. 다양한 첨단기술이 나왔지만 그 기술이 적용된 제품을 사용하는 사람이 남녀노소를 따지면 많다고 볼 수 없다. 자동번역이 가능한 스마트폰을 구입한 사람이 몇 명일 것이며, 그들이 자동번역기를 사용하여 외국인과 대화할 가능성은 또 얼마나 되는가.

일시적인 수요의 감소를 캐즘이라는 용어를 쓴다. 처음에 어떤 신기술이 발전하여 수요가 폭발적으로 증가하다가 순간 어느 한계에 봉착하여 더 이상 진전이 없는 상태를 말한다. 그런데 캐즘이라는 것은 그 일시적인 현상이 곧 끝날 것을 전제로 한다. 일시적인 수요 감소가 끝나지 않고, 수요의 감소로 종결된다면 그것은 캐즘이 아니라 말 그대로 수요 감소이다. 지금은 AI 기술이 캐즘이냐 수요 감소냐 하는 주요 변곡점에 와 있는 느낌을 받는다. 차라리 엔비디아가 독주를 한다는 소리를 들을지언정, 엔비디아가

AI기술을 이끌어갔을 때가 오히려 행복하고 좋은 시절이었다. 지금은 어느 기업도 혁신적인 기술을 내세워, 치고 나가는 기업이 눈에 보이지 않는 상황이다. 그래서 사람들은 외부적인 혁신기술의 눈에 보이는 성과 대신, 내부적인 수요와 기업의 성과를 나타내는 실적발표를 기다리고 있다. M7 기업이 놀라운 실적발표를 통해 AI 캐즘 또는 수요 감소라는 걱정을 말끔히 씻어내 주기를 바라고 있는 것이다. 그러나 이번 24년의 3/4분기 실적발표를 뒤로하고, 진정한 AI의 발전방향에 대하여 우리는 진지한 고민을 할 필요가 있다. 스티브 잡스의 향수에 아직도 세계의 사람들은 헤어 나오고 있지 못하다. 민머리에 수염을 기르고, 청바지에 티를 입고 나와서 아이폰과 아이패드를 선전하며, 손안의 작은 이 기계가 세상을 바꿀 것이라고 당차게 얘기한 스티브 잡스를 우리는 아직 그리워한다. 아이 글라스, 갤럭시 링, 자율주행 택시, UAM 등 혁신적인 기술은 무궁무진하다. 특허청에는 새로운 기술이 차고 넘친다. 이것을 완제품으로 개발하고 상용화시키는 결실을 맺는 기업과 천재적 개인이 필요하다. 실패를 두려워할 필요는 없다. AI 기술 개발은 기업의 성패를 좌지우지하는 정도를 벗어나 인류의 삶의 단계를 재정의한다. 누구라도 좋다. 세계의 과학기술의 패권을 지배할 젊은 선도자, 혁신가를 우리는 필요로 한다. AI가 아니어도 된다. AI를 벗어난 새로운 영역의 세계에도 된다.

인류는 경쟁자를 경계하지만 경쟁은 발전을 낳는다. 경쟁으로 곧 평준화된 세계는 다시 독주하는 선봉자를 기다린다. 달리기 경주에서 치고 나가는 1명은 바람의 저항으로 결국 뒤로 처지기 마련이나, 그가 없으면 세계기록은 없었다. 스티브 잡스에 이어 AI 캐즘에서 인류를 구원할 천재적 과학자의 등장 가능성을 기대해본다.

6. 'AI 버블론'에 동의하지 않는다

AI가 처음 나왔을 때를 기억해보라. 조금 편리하게 뭔가를 만들면 무조건 AI라는 말을 붙였을 때 말이다. 과거에는 전화 상담이 일상이었다. 호텔, 음식점 등 예약을 할 때에는 예약번호로 전화를 해서 예약을 했다. 그 다음에는 사람이 응대하는 것이 아니라 기계음이 응대를 하기 시작했다. 그 당시의 기계음 여성의 일처리는 그리 매끄럽지 않았다. 일은 복잡해진다. '안내받을 번호를 선택하십시오.'라고 시작된 기계 음성의 알리미는 다시 카테고리를 나누어 번호를 선택하게 한다. 그러기를 두세 번 하다가 그제야 안내원과 연결되거나 하였다. 그나마 연결이라도 잘 되면 다행이다. 어떨 때는 '삐' 하는 소리와 함께 에러가 나서 연결이 되지 않는다. AI가 등장하면서 챗봇이라는 것이 등장한다. 챗봇을 통해 예약자는 화면을 통해 요구사항이나 문의 사항을 요청하고 챗봇이 이에 응답을 해주는 것이다. 간단한 질문에 대해서도 챗봇은 문자를 장황하게 보내주었다. 다소 어려운 질문을 하면 '죄송합니다. 이 질문에 대해서는 답변을 드리기가 어렵습니다.'라는 답변 문자가 뜬다. AI로 인해 삶을 획기적으로 변화시킬 것이라는 사람들의 믿음은 조금씩 약해지고 있다는 것은 부인할 수 없는 현실이다. 물론 첨단 과학기술이 개발되고 발전되기 위해서는 어느 정도의 시행착오가 있기 마련이다. 사람들은 새로운 기술이 세상에 나오면 이에 열광하고,

때로는 이를 부풀린다. 희망과 기대가 현실보다 우위에 있게 되는 것이다. 그러나 기술이 머지않아 사람들의 희망과 기대를 따라가게 된다면 사람들은 그 기다람의 시간에 자비를 베푼다. 그러나 사람들의 기대에 부응하지 못하고, 사람들이 생각하는 기대감에 꿈꾸던 세계를 과학기술이 따라가지 못하면 사람들은 한계점에 금방 다다른다. 그리고 곧이어 실망을 하기도 한다. 지금이 그런 때다. 챗GPT 외에 이렇다 할 AI 기술이 삶의 질을 바꾸어 놓지 못하고 있다. 세계 유수의 기업들도 AI에 천문학적인 금액을 투자하였지만, 이것이 수익성으로 연결되지 못하고 있다고 분석가들은 평하고 있다.

AI는 다음과 같은 방향으로 발전되어야 한다. 사람들에게 일반적인 과학 기술의 발전 속도 보다 빠른 속도로 발전하는 느낌을 주어야 사람들은 AI의 발전을 용인할 수 있다.

첫째, 자동차와 UAM의 자율주행 기술 발전이다. 시간이 많이 흘러도 사람들은 교통수단을 이용하기 마련이고, 자동차는 계속적으로 개인의 삶의 필수품이 될 것이다. 완전한 자율주행, 이를테면 손 하나 까딱거리지 않고 목적지까지 갈 수 있는 방향으로 자율주행은 발전되어야 한다. 추가하여 미래의 교통수단이 될 UAM도 완전한 자율주행이 가능하여야 한다. 별도의 조종사는 필요 없다. 탑승객이 스마트폰으로 예약을 하고, UAM에 탑승하면 목적지까지 하늘의 통로를 따라 이동을 하여 승객을 데려다준다. 자율주행 자동차와 UAM은 완전한 자율주행으로 작동하여 승객이 탑승한 상태에서 개인이 원하는 행위를 할 수 있도록 해야 한다. 잠을 자든 영화를 보든 그것은 개인이 선택할 옵션이다.

둘째, 반려로봇이 내 집에 들어와야 한다. 처음에는 반려견과 같이 생긴

작은 로봇이지만 이것은 사람과 동일한 형태의 로봇으로 발전되어야 한다. 이 반려 로봇은 혼자 사는 사람, 노인에게 필수적인 동반자가 될 것이다. 이들은 인간에게 필요한 정보를 제공해 줘야 하고, 기본적인 가정 일을 할 수 있어야 한다.

셋째, 일하는 오피스에서 혁신적인 발전을 가져와야 한다. 사람들이 더 이상은 보고서를 만드는데 시간과 노력을 소모하게 해서는 안 된다. 과거의 자료들을 종합해서 보관하고, 사용자가 요구하는 대로 새로운 보고서를 즉각적으로 만들 수 있도록 오피스 워크에 혁신적인 변화를 가져올 수 있어야 한다.

넷째, 학업에 있어서 도움이 되도록 발전되어야 한다. 대학생들이 어렵게 논문을 작성하는 수고가 언제까지 필요할 것인가를 고민해 봐야 한다. 논문을 작성하는 것이 새로운 영역에서의 연구와 발전을 위해서라면 관련 논문은 AI가 대체하여 작성될 수 있도록 변화해야 한다. 논문 자체가 과학기술을 발전시키지 않는다. 무궁무진한 특허가 특허청에 서류로 잠자고 있다. AI가 새로운 영역에서 있어서 논문을 작성하고 인간은 이를 실행하기 위해 제품을 만드는 등 실제적인 적용을 위해 노력하는 방향으로 가야 한다.

위에서 언급한 사항들은 AI가 본격적으로 발전되기 시작하면서부터 AI가 세상을 변화시킬 것들이라고 예상을 했던 것들이다. 하지만 실제 이를 구현하기 위한 예상치 못한 장애물이 생기고 기술적인 한계에 봉착하다 보니 지금은 잠시 정체기(AI 캐즘)를 겪고 있지 않나 싶다.

개인적으로도 중국산 제품을 선호하지 않았다. 짝퉁이니 모조품이니 내

구성이 없느니 하는 말들을 많이 했기 때문이다. 하지만 중국산의 분명한 장점이 있다. 이들은 창의적인 사람들이 생각하는 '이런 것이 있었으면 좋겠다.' 하는 제품들을 바로 만들어낸다. 설령 그것이 오래가지 못하고 문제점이 발생하여 생산을 곧 멈추기도 하지만, 그들은 사람들의 번쩍이는 아이디어를 시제품으로, 그것도 아주 빠른 기간내에 만들어내는 것에 일가견이 있다. 우리 국민 개개인도 얼마나 많은 아이디어가 머릿속에서 번쩍이고 있는가. 하지만 생산성, 이윤 등을 고려하여 또는 그 생산 절차에 정통하지 못하여 아이디어가 생각만으로, 또는 특허라는 서류로만 존재하거나 도중에 사라지는 것이 많다는 현실이 다소 안타깝다.

책상 위에 놓인 휴대용 선풍기를 쳐다본다. 전 세계적으로 수억 개 이상이 만들어지고 팔린 것으로 알고 있다. 믿거나 말거나 이 선풍기는 필자가 초등학교 때 아이디어 공모전으로 냈던 제품이다. 그 당시 나는 스스로 시제품도 만들었다. 어머니가 쓰던 화장품 종이 각에 문방구에서 파는 모터와 프로펠러를 달아서 선풍기를 만들고, '휴대용 선풍기'라고 떠들고 다녔다. 우리 반 친구들은 다소 볼품없는 휴대용 선풍기를 보고 '이게 뭐냐, 하나도 시원하지 않다.'라고 했다. 나는 친구들의 반응에 다소 실망했지만 근 3년 연속 이 제품을 학교에 제출했다. 마지막에 노력상을 받은 기억이 있다.

AI가 또다시 '환멸의 골짜기'에 빠져들지 않기 위해서는 선도기업과 벤처기업의 과감한 실행력이 필요하다. 우리는 제품을 만들기 이전에 AI에게 제품의 생산성과 이윤, 즉 생산의 가치를 물어보고 AI의 응답이 시원치 않으면 제품의 제작을 쉽게 포기하는 상황에 이르렀다.

'넌 해도 안 돼.'라는 부정의 저주를 벗어나는 게 시급한 당면과제다. 대중의 인지도가 매우 높은 한 연예인이 얘기했다.

'세상을 성공과 실패로 나누는 것은 잘못되었다. 성공과 과정이 있을 뿐이다.'

AI 버블론에 동의하지 않는다. 얼마 후 AI는 지금껏 없었던 새로운 기술로 사람들의 삶의 모습을 바꾸어 놓을 것이다.

에필로그

2000년, 육사생도 시절로 기억한다. 미군의 워리어 플랫폼을 보고 멋있었고 가슴이 벅차올랐다. 우리군도 이렇게 바꿔나가야 하지 않을까 생각을 했다. 스크랩하기 위해 기사 내용을 가위로 잘라내고 수첩에 붙여놓았다. 24년이 지난 지금 시점에서 돌이켜보면 그 당시 전문가들이 예측한 많은 것이 실제로 구현되었음을 알 수 있다. 몇십 년 후의 모습을 인류는 기가 막히게 예상한대로 그대로 구현하고 있다. 그렇다면 지금 인류가 꿈꾸고 구상하는 2050년의 로드맵도 실현될 것이라는 예상을 어렵지 않게 해본다. 인류가 상상하는 미래의 모습은 미래를 공부하는 사람들에 의해 만들어질 수 있다. 과학기술에 대한 지식이 풍부할수록 미래에 대한 적중률은 높아진다.

요즘 청년들을 보면서 그들은 어떤 생각을 하고 사는지 궁금했다. 만나는 청년들에게 물어보기도 하였다. 그들은 인간 사이에서 발생하는 반목과 갈등에 대해 여전히 힘들어했다. 동시에 AI가 나날이 발전하는 현재의 시류에 자기도 모르게 그 배를 함께 타고 있으나 깊이 자각하지는 못했다. 자기 의사와는 무관하게 그들의 일상은 AI의 발전 속도와 함께 나아가고 있었다. 또한, AI 알고리즘이 그들을 어떻게 묶어놓고 있는가에 대한 인식이 부족해 보였다. 매일 스마트폰을 들여다보며 그로 인해 잠을 설치는 불편함과 고통을 그들은 어쩔 수 없는 것으로 받아들이고 있었다.

인류의 오랜 역사 속에서 2024년 우리의 젊은 청년들의 시대 인식은 무엇인가? 그들은 인간만이 겪을 수밖에 없는 한계와 고충에 대해 어떻게 접근하고 해결하려 하고 있는가? AI에 대한 인식과 AI 통제에 대한 시대적 소명감과 책임감을 갖고 있는가? 이러한 얘기들을 그들과 좀 더 심도 깊게 나누고 싶었다. 나는 이것을 '인삼론(人三論)'이라는 이름으로 나의 수첩에 메모해두었다. 자기관리, AI 활용, 그리고 AI 통제, 이 세 가지는 젊은 청년들이 이 시대를 살면서 직접적으로든 간접적으로든 함께 해결해 나아가야 할 과제임을 말하고 싶었다.

과거부터 과학기술과 AI에 대한 깊은 관심이 있었고, 문과생 출신이지만 스스로의 DX를 위해 노력했다. IoT 학과로 진학하고, 과학기술정책을 배우고 있다. 과학에 대한 관심과 참여에 대한 욕망은 늘 머릿속에 가득 차 있다. 그리고 궁극적으로 이러한 과학기술은 군(軍)에 접목되어 군이 과학기술을 바탕으로 한 첨단군으로 진화해야 한다는 가치관과 신념을 가지고 있다.

자료 검색과 독서를 통해 내 나름대로의 과학기술과 AI에 관한 생각과 신념을 이 책에 기술하였다. 시중에 유통되는 AI 기술들은 깊게 언급하지 않았다. 나보다 더 이 분야에 훌륭한 전문가들이 충분히 많은 지식을 정리하여 책을 통해 배포하고 있기 때문이다. 과학기술과 AI에 대해 이를 수용하고 배우며, 이를 통해 내 주변의 삶을 어떻게 변화시키고자 하는가에 대한 의지를 나의 관점에서 기술하는 데 중점을 두었다. 책을 집필하면서 몇 번에 걸쳐 지식의 한계에 다다랐음을 고백한다. 그나마 아직 과학기술과

AI에 대한 학업을 진행 중인 학생이라는 것으로 자신을 위안했다.

한계에 이를 때마다 다시 이 책의 주제로 돌아가 보았다. 나 역시 한계점이 있는 인간이기에 무엇을 지속적으로 하려면 끈기와 인내가 필요함을 체감했다. 책을 쓰면서 가졌던 여러 유혹들, 예를 들면 유튜브 영상을 장시간 시청하며 시간을 허비했던 때에는 AI에 의해 통제되고 있다는 생각을 하며 벗어나기 위한 노력을 했다. 그리고 고민이 많을 청년들에게 뭔가 가슴에 와닿는 삶의 진솔한 얘기를 해주고 싶었다. 누군가에게 도움이 될 수 있다는 생각이 없었다면 이 책은 세상에 나오지 못했을 것이다.

연합사에서 근무하면서 2022년에 함께 생활한 전우들이 있었다. 지난 7월 이들과 함께 모임을 가졌다. 그 자리에서 나는 AI 관련 책을 쓰고 있으며 이를 조만간 완성하겠다고 약속했다. 여러 사람들 앞에서의 공표는 채찍질이 될 수 있었다. 나를 고맙게도 '작가'라고 칭해주는 전우가 있었다. 그 친구의 그 한마디에 많은 힘을 얻었다. 처녀작 '마흔 살 불혹전략'을 아직도 가끔 꺼내보신다 하시며 창작에 대한 용기를 북돋아 주신 과장님도 계셨다.

오랜만에 우리가 모셨던 과장님을 찾아가는 길에 액자를 만들기로 했고, 감사하게도 동료들은 나에게 기념 문구를 쓰는 기회를 주었다. 오랜 기간 정체되었던 나에게 기념 문구를 작성하는 창작 행위는 이 책의 완성의 마중물이 되었다.

상단 좌측부터 시계방향: 육군 강경식, 최문규, 해군 김영진, 육군 장일석,
해병대 김헌, 김철하, 육군 이우석, 공군 윤성호, 해군 이지훈, 공군 오정환

"연합사 용산시대를 뒤로하고, 평택시대를 연 기념비적인 2022년을 함께한 자랑스러운 C35 연합합동작전계획과 전우들!

우리는 코비드를 극복하고 이해, 단결, 화합을 바탕으로 한미 연합작전의 한 페이지를 써 내려갔습니다. 그 영광된 과거를 기억하고 조약돌같이 단단한 전우애를 오래도록 간직하겠음을 붉은 파도가 넘실거리는 이곳 호미곶 바다 앞에서 과장님께 다짐하는 바입니다."

인간은 AI와 로봇에 비해 객관적으로 미약하고 불완전하다. 그러나 우리는 '혼자'라는 약점을 '함께'라는 도구를 통해 충분히 극복할 수 있다고 생각한다. 인간과 인간이 함께 한다면, '1+1=2'라는 답변 이상을 기대하기 힘든 AI에 우위를 가질 수 있다. 뜻이 맞는 사람과 함께하여 머리를 맞대면 '1+1=2 이상'이 될 수 있다는, AI는 결코 이해할 수 없는 창의, 융합적 혜안을 인류는 갖고 있다.

그래서 나는 다가올 먼 미래에도 우주의 주인은 여전히 인간이 될 수 있음을 청년들에게 말해주고 싶다.

'청년은 인류의 역사를 쓰고, 역사는 역사가 원하는 청년을 만든다.'

미주

미주

1)   박찬주 지음, 임마누엘, 2023년, 『박찬주 대장의 선택』
2)   임관빈 지음, 팩컴북스, 2010년, 『성공하고 싶다면 오피던트가 되라』, 145쪽
3)   최문규 지음, 생각나눔, 2018년, 『마흔 살, 불혹전략』, 25쪽
4)   강정수 외 2명 지음, 더스퀘어, 2024년, 『테슬라 폭발적 성장 시나리오』, 7쪽
5)   이재광 지음, 경향BP, 2022년, 『미래모빌리티 UAM에 투자하라』, 90쪽
6)   이덕주 지음, 더퀘스트, 2024년, 『NVIDIA WAY』, 64쪽·
7)   브래드 버건 지음, 미디어 숲, 2024년, 『스페이스 X의 비밀』, 93쪽·
8)   KAIST 문술미래전략대학원 미래전략연구센터 지음, 김영사, 2024년, 『카이스트 미래전략 2024』, 367쪽
9)   양성식 지음, 책비, 2019년, 『미래를 읽고 싶은 사람들을 위한 안내서』, 77쪽
10)   '나는 미래다' 방송제작팀 지음, 보아스, 2020년, 『인공지능의 현재와 미래』, 244쪽
11)   하버드 공개강의연구회 지음, AGIT, 2016년, 『하버드 협상강의』, 320쪽
12)   최윤식 지음, 연합인포맥스북스, 2024년, 『2050 대담한 준비』, 194쪽